24,80

Pä 2.1

v. Bornhaupt/Hurrelmann
Kinder im Streß?!

Bettina von Bornhaupt, Klaus Hurrelmann

Kinder im Streß?!

Ein Ratgeber für die Lebensprobleme
der 6- bis 16jährigen

Mit Zeichnungen von Mareike Siepmann

Beltz Verlag · Weinheim und Basel 1991

Über die Autoren:

Bettina von Bornhaupt, Jahrgang 1962, ist Diplom-Sozialpädagogin, Diplom-Pädagogin und Familientherapeutin. Sie arbeitet in den v. Bodelschwinghschen Anstalten Bethel in Bielefeld.

Klaus Hurrelmann, Jahrgang 1944, ist Professor am Zentrum für Kindheits- und Jugendforschung der Universität Bielefeld. Sein Arbeitsschwerpunkt ist die Erforschung von gesundheitlichen Belastungen.

Die Deutsche Bibliothek – CIP-Einheitsaufnahme

Bornhaupt, Bettina von:
Eltern-Ratgeber: Kinder im Streß?! : Ein Ratgeber für die Lebensprobleme der 6- bis 16jährigen / Bettina von Bornhaupt ; Klaus Hurrelmann.
Mit Zeichn. von Mareike Siepmann. – Weinheim ; Basel : Beltz, 1991
    ISBN 3-407-83119-6
NE: Hurrelmann, Klaus:

chen

ISBN 3-407-83119-6

Inhaltsverzeichnis

Kinder im Streß 7

Was ist denn eigentlich Streß? 11
   Streß: Das Gleichgewicht ist gestört 12
   Gesundheit: Anforderungen und Fähigkeiten sind im
   Gleichgewicht 16

Kinder und Jugendliche in Schwierigkeiten 24
   Wahrnehmungs- und Leistungsstörungen 26
   Verhaltensauffälligkeiten 29
   Körperliche Krankheiten 33
   Fehlernährung 36
   Psychosomatische Erkrankungen 38
   Medikamentenkonsum von Kindern und Jugendlichen .. 41
   Alkohol-, Tabak- und Drogenkonsum von Jugendlichen 44
   Unfälle im Jugendalter 46
   Auffälligkeiten: Streßfolgen 48

*Wo treten Belastungen auf und was können Eltern
dagegen tun?* 49

Das Familienleben ist komplizierter geworden 53
   Wenn Eltern sich trennen 55
   Wenn Väter und Mütter arbeiten 60
   Gibt es perfekte Eltern? 65
   Wenn Kinder Gewalt erfahren 79

Die Anforderungen in der Schule sind sehr groß 95
   Welches sind die Auslöser von Schulstreß? 97
   Die Einschulung: Aller Anfang ist schwer 101
   Schwierigkeiten, die in der Grundschule auftauchen
   können 108
   Probleme des Übergangs von der Grundschule in weiter-
   führende Schulen 117
   Mittelstufe: Vorbereitung auf den ersten Schulabschluß . 126
   Für das Leben, nicht für die Schule lernen wir!? 130
   Die Ganztagsschule als Ausweg? 133

Freizeit, Wohnen und Umwelt sind nicht gerade
kinderfreundlich 137
   Freizeit gemeinsam mit anderen 138
   Die freie Zeit für Freizeit fehlt 143
   Ungestörte Freizeit? 145
   Freizeit = Medienzeit? 147
   Was hat die Freizeit mit der Wohnsituation zu tun? 152
   Umweltschäden – seelische und körperliche Belastung . 158

Kinder im Streß

Kennen Sie das? Ein Kind schläft nachts schlecht, kaut an den Fingernägeln, klagt öfter über Bauchschmerzen, kann nicht stillsitzen, ist im Kontakt zu anderen Kindern aggressiv, stört in der Schule ...

Wir behaupten: dies alles sind mögliche Anzeichen für »Streß«. Sie werden fragen: »Kinder im Streß? Das gibt's doch gar nicht. Denen geht's doch heute so gut wie nie zuvor!«

Das ist richtig. In vielen Bereichen haben es Kindern und Jugendliche noch nie so »gut« gehabt wie heute: Der größte Teil von ihnen braucht sich um die wichtigen lebenserhaltenden Fragen keine Sorgen zu machen: sie haben ein eigenes Zimmer, viel Taschengeld, ausreichend zu essen und können sich angemessen kleiden – alles Dinge, die noch vor fünfzig oder hundert Jahren keineswegs selbstverständlich waren. Die Kinderzimmer sind voller schöner Spielsachen, die Kinder lernen in den Ferien oft fremde Länder kennen, haben schulisch und beruflich (zumindest auf den ersten Blick) sehr gute Bildungsmöglichkeiten, die Eltern bemühen sich um einen eher partnerschaftlichen Erziehungsstil ...

... und dennoch geht es unseren Kindern und Jugendlichen nicht gut: Kinder werden vernachlässigt, ihre Bedürfnisse mißachtet, es entstehen neue Krankheiten. Allergien, Pseudo-Krupp, Magersucht breiten sich in erschreckendem Maße aus. Viele Kinder und Jugendliche leiden. Eltern und Pädagogen sind beunruhigt über Auffälligkeiten im Leistungsbereich in der Schule und über soziale Schwierigkeiten von Kindern und Jugendlichen. Ein Warnsignal ist auch die wachsende Zahl von Selbstmorden.

Beides ist also richtig: es geht Kindern und Jugendlichen so gut wie nie zuvor, und es geht Kindern in einem erschreckenden Maße schlecht. Um diesen Widerspruch zu erklären, müssen wir zuerst kurz die gesellschaftlichen Veränderungen der letzten Jahrzehnte beleuchten, die das Zusammenleben von Eltern und Kindern sehr beeinflußt haben:

Früher – und da müssen wir gar nicht so weit zurückgehen, vielleicht 30 oder 40 Jahre – wurden die meisten Kinder in eine relativ feste und zuverlässige Welt hineingeboren: Da gab es einen Vater, der arbeitete, das Geld verdiente und (zumindest offiziell) in der

Familie »das Sagen hatte«. Die Mutter war für die Aufgaben innerhalb des Hauses zuständig, versorgte die Kinder, trug die Verantwortung für deren Erziehung und das körperliche und seelische Wohlergehen aller Familienmitglieder. Die Kinder wuchsen in einer begrenzten und relativ sicheren Umgebung auf, die sie allmählich eroberten: zuerst die Wohnung der Familie, dann den Hof oder Garten, die Straße und langsam die Ortschaft oder das Stadtviertel. Dort spielten sie mit Kindern, die etwa aus den gleichen sozialen und familiären Verhältnissen kamen. Sie erreichten einen Schulabschluß, der dem der Eltern ähnlich war, und erlernten einen entsprechenden Beruf. Die Regeln für das Zusammenleben waren klar festgelegt, z.B. durfte dem Vater nicht offen widersprochen werden und ein Mädchen mußte wenigstens so tun, als wäre es die »Unschuld vom Lande«.

Heute wachsen Kinder und Jugendliche in einer Welt auf, die anders aussieht: Die Gewißheit, mit Vater und Mutter in einer Familie aufzuwachsen, ist nicht mehr gegeben. Jede dritte Ehe wird heute geschieden und die Kinder müssen sich auf wechselnde Bezugspersonen einstellen. Auch wenn die Kinder selbst nicht direkt betroffen sind, erleben sie Trennungen in der nächsten Umgebung bei Verwandten oder Freunden. Die Umwelt läßt sich nicht mehr so einfach erobern: alles ist reglementiert und zugepflastert. Was die Kinder nicht direkt im Zusammenleben erfahren, lernen sie aus den Massenmedien, vor allem dem Fernseher. Dort können sie innerhalb weniger Minuten in den vielen Fernsehprogrammen die verschiedensten Welten erleben. Dies ermöglicht ihnen viele Informationen und Erfahrungen, konfrontiert sie aber auch mit Problemen, die selbst wir als Erwachsene kaum aushalten können: atomare Bedrohung, Krieg, Verbrechen, Elend, Armut, Arbeitslosigkeit, Umweltverschmutzung. Und es zeigt sich in Befragungen immer wieder, daß Kinder diese Themen sehr ernst nehmen, ihre Gefahr erfassen können und als sehr beängstigend erleben. Diese Belastungen, z.B. die Umweltverschmutzung, wirken auch direkt auf die Kinder ein. Viele Erkrankungen, vor allem die Allergien, sind darauf zurückzuführen.

Dies sind nur einige Problembereiche, mit denen sich Kinder und Jugendliche auseinandersetzen müssen – ob nun bewußt und ganz direkt oder unbewußt und nahezu unbemerkt. Und sie müssen diese Probleme bewältigen, um gesunde und fröhliche Persönlichkeiten entwickeln zu können. Unsere Aufgabe als Erwachsene – sei es als Mutter, Vater, Großeltern, Pädagoginnen und Pädagogen – ist es, den Kindern dabei zu helfen: zum einen durch vorbeugende Hilfen, damit die Belastungen gar nicht erst zu groß werden, zum anderen durch Unterstützung und Rat dann, wenn die Kinder zeigen, daß sie überfordert und in Not geraten sind.

Was ist denn eigentlich Streß?

Die meisten Menschen klagen mehr oder minder häufig darüber, unter Streß zu stehen: »Das war ein stressiger Tag heute!« Viele verstehen darunter etwas anderes, und doch ist es wieder das gleiche. Wir möchten Sie bitten, einen kleinen Versuch mitzumachen: Schließen Sie für einige Minuten die Augen und versuchen Sie sich an eine Situation zu erinnern, in der Sie »im Streß« waren. Vielleicht können Sie Ihre Gefühle noch einmal lebendig werden lassen. Versuchen Sie sie bitte mit ein paar Begriffen zu beschreiben. Was kommt Ihnen in den Sinn? Schreiben Sie es kurz auf:

Vielleicht tauchen die Begriffe nervös, unruhig, reizbar, hektisch, ungeduldig, erschöpft, gereizt und müde auf – einige Möglichkeiten, die die Gefühle in Streßsituationen beschreiben können. Wir haben noch eine weitere Bitte: Überlegen Sie, was eigentlich der Grund, die Ursache für diese »Streßsituation« war. Was kommt Ihnen jetzt in den Sinn? Schreiben Sie doch auch dies bitte kurz auf:

Vielleicht geht es Ihnen auch so, daß Sie mehrere Dinge auf einmal aufzählen können: schlecht geschlafen, der Partner/die Partnerin muffelig, die Kinder streiteten, der Wagen sprang nicht an ... Es kam einfach alles zusammen.

Streß: Das Gleichgewicht ist gestört

Dies ist ein wichtiges Kennzeichen von Streß: verschiedene Belastungen, von denen jede einzelne zu bewältigen wäre, treten zusammen auf und verstärken sich selbst gegenseitig. Und zugleich ist man gerade zur Zeit auch selbst nicht so belastbar. Dies bestätigen die Wissenschaftlerinnen und Wissenschaftler unterschiedlicher Fachgebiete (Pädagogik, Soziologie, Psychologie, Medizin, Biologie), die sich seit vielen Jahren mit dem Thema »Streß« beschäftigen. Sie haben verschiedene Erklärungsmodelle und Konzepte entwickelt, von denen wir eines näher erläutern möchten, da es uns am zutreffendsten erscheint.

> Zuerst einmal: Die verschiedenen Reaktionen auf Streß sind grundsätzlich gesund.

Tritt Nervosität, Unruhe und Reizbarkeit auf, dann heißt das, daß der Mensch auf erhöhte Anforderungen reagiert. Auch das Auftreten von Streß ist normal. Es ist sogar wichtig, um uns in Trab zu halten und Anregungen und Impulse für unsere Alltagsgestaltung zu geben.

> Problematisch wird es jedoch, wenn zu hohe Anforderungen zum Dauerzustand, zur Dauerbelastung werden.

Ein Beispiel: Bei Ihnen zu Hause ist »dicke Luft«. Sie als Erwachsene haben gerade Krach, gehen sich aus dem Weg und sprechen nur das nötigste miteinander. Den Kindern erklären Sie, daß sich eben auch Erwachsene mal streiten, und daß dies wieder vorbeigeht. Die Kinder reagieren darauf, indem sie vorsichtiger mit Ihnen

umgehen, weniger Blödsinn machen (oder es zumindest versuchen), so viel wie möglich von zuhause weg bleiben oder auch versuchen, Sie zu trösten. Für ein paar Tage geht das, aber wenn solche »atmosphärischen Störungen« in der Familie anhalten, können die Kinder es oft irgendwann nicht mehr ertragen und werden versuchen, sich zu wehren oder etwas zu verändern. Sehr oft lenken die Kinder ihre Eltern dann von dem Ehekrach ab, indem sie z.B. krank oder »schwierig« werden.

Der Streß, der Kinder und Jugendliche (und auch Erwachsene) auf Dauer krank macht, ist also nicht der kurzfristige Ehekrach der Eltern oder die schwierige Klassenarbeit ausgerechnet in Mathe. Problematisch wird es, wenn Belastungen zum Dauerzustand werden, also (bei unseren Beispielen) die ernsthafte und langfristige Ehekrise oder die ständige Überforderung in der Schule.

Kinder und Jugendliche sind mit dauerhaften Belastungen konfrontiert, von denen wir einige schon genannt haben: die Veränderungen in familiären Lebensformen, der Informations- überfluß, die ständig steigenden Leistungsanforderungen, die Umweltverschmutzung, die konsumorientierte Freizeitwelt, zu wenig Raum für freies Spiel und für die Entdeckung einer natürlichen Umwelt usw. Nun ist es aber auch nicht so, daß diese langfristigen und die kurzfristigen Belastungen nur auf den Menschen einwirken und dieser ihnen hilflos und passiv ausgeliefert ist.

> Jeder Mensch entwickelt im Laufe seines Lebens individuelle, meist einzigartige Strategien, um mit diesen Belastungen umzugehen, indem er sie auf seine Weise wahrnimmt, verarbeitet und verändert.

Der einzelne Mensch ist also in der Lage, seine Welt mitzugestalten und somit auch Belastungen vorzubeugen und zu verarbeiten. Diese »Bewältigungsstile« unterscheiden sich sehr voneinander, sie sind abhängig von den Fähigkeiten des einzelnen, seinen Erfahrungen, seinem Alter und der Unterstützung seiner Umgebung.

Es ist zum Beispiel sehr interessant zu beobachten, wie unterschiedlich Kinder auf eine schlechte Note in der Schule reagieren:
- *Andreas weiß genau, daß der blöde Lehrer schuld ist, während Lena davon überzeugt ist, ihr Banknachbar hätte sie gestört.*
- *Felix packt hingegen seine Arbeit (scheinbar) völlig unbeteiligt weg, und beweist dann sich selbst und allen anderen, daß er doch der Stärkste der Klasse ist, indem er Moritz, den Zweitstärksten, nach allen Regeln der Kunst vermöbelt.*
- *Julia erkundigt sich genau, wer noch so schlecht oder gar schlechter abgeschnitten hat, und fühlt sich dann nicht so allein in ihrem Unglück.*
- *Melissa ist da noch genauer: Sie vergleicht genau, wer von den Schwächeren welche Aufgabe nicht geschafft hat, und stellt fest, daß sie doch tatsächlich bei einzelnen Fragen nicht die Allerschlechteste war. Das baut auf.*
- *Robert läuft weinend nach Hause, läßt sich trösten und vergewissert sich, daß er »dennoch« geliebt wird. Das war seine größte Sorge.*

*   *Jakob setzt sich die nächsten Nachmittage hin und büffelt (und ist somit eine ziemliche Ausnahme).*
*   *Moni drückt sich die ganzen nächsten Tagen um die Hausaufgaben, wo es nur geht, verbringt viel Zeit draußen und lenkt sich ab, bevor sie es wieder ertragen kann, sich erneut mit den schwierigen Aufgaben und dem drohenden Versagen zu konfrontieren.*

Jedes Kind ist einzigartig und hat seine eigenen Strategien, mit Erlebnissen und belastenden Erfahrungen umzugehen. Oft ist es für uns Erwachsene schwierig zu erkennen, daß eine Reaktion des Kindes sinnvoll ist und seinen individuellen Fähigkeiten und Bedürfnissen entspricht. Überlegen Sie doch bitte, wie Ihr Kind mit einer schlechten Note in der Schule umgeht. Oder mit dem Schmerz, wenn der beste Freund in eine andere Stadt gezogen ist. Oder wenn zuhause »dicke Luft« ist. Oder wenn es richtig etwas angestellt hat. Denn auch bei kleinen, alltäglichen Kindersorgen lernen die Kinder, mit Schwierigkeiten umzugehen, sodaß sie für die größeren, langfristigen Belastungen besser gewappnet sind. Wie geht Ihr Kind mit schwierigen Erlebnissen um? Schreiben Sie doch ein paar Stichworte dazu auf:

Also: ganz wichtig zur Entstehung einer Streßsituation sind nicht nur die erhöhten Anforderungen der Umgebung, sondern auch, welche Fähigkeiten und Möglichkeiten ein Kind entwickelt hat, mit ihnen umzugehen und wieviel Unterstützung es dabei bekommt. Es geht um die Wechselwirkung des einzelnen Menschen und seiner Umwelt. Der Grund für die Streßreaktion liegt nicht nur bei dem Einzelnen oder nur bei seiner Umgebung, sondern beide beeinflussen sich gegenseitig.

Gesundheit: Anforderungen und Fähigkeiten sind im Gleichgewicht

Auf der einen Seite gibt es also die *Fähigkeiten* des Einzelnen, mit Belastungen umzugehen, geschickt mit Anforderungen zu balancieren, sich selbst Entspannungspausen und Entlastung zu verschaffen, erfreuliche Erlebnisse wahrzunehmen und daraus Kraft und Energie zu schöpfen usw. Wichtig sind die Möglichkeiten, mit erhöhten Anforderungen umgehen zu lernen, denn nicht alle können und sollen sich vermeiden lassen. Dazu gehört, sich Hilfe und Unterstützung zu holen oder zu unterscheiden, was in einer Situation wichtig ist und worüber man sich besser nicht aufregt und vieles mehr.

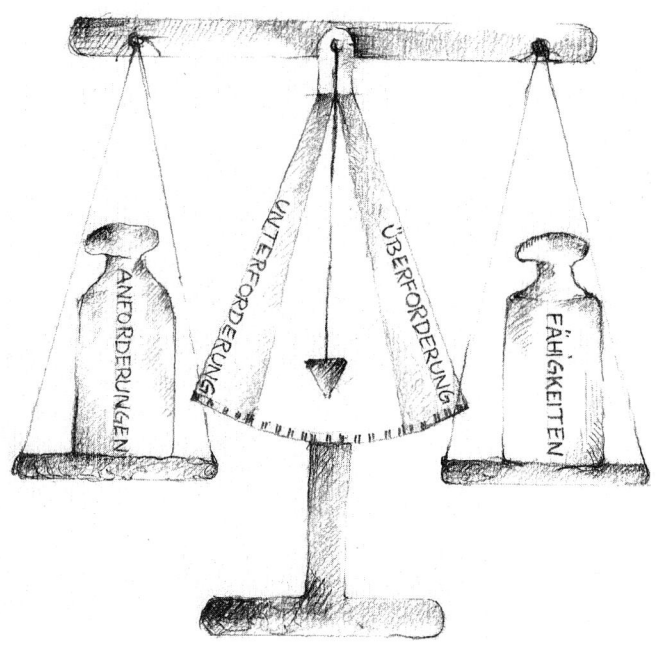

Die Gesundheitsbalance: Fähigkeiten und Anforderungen sind im Gleichgewicht, die persönlichen »Kapazitäten« reichen aus, um mit den Herausforderungen der Umwelt zurechtzukommen.

Auf der anderen Seite stehen die *Anforderungen* der Umgebung und auch der eigenen Entwicklung. So ist der Übergang von einer Entwicklungs- oder Lebensphase ebenso eine Belastung wie Veränderungen im sozialen Umfeld, also z.B. ein Schul- oder Klassenwechsel, familiäre Konflikte oder unbefriedigende Kontakte mit Gleichaltrigen. Diese Anforderungen sind mal mehr, mal weniger gravierend, einige deutlich spürbar, andere weniger.

Wenn das Verhältnis zwischen Anforderungen und Fähigkeiten ausgeglichen ist, ein Mensch seinen Möglichkeiten gemäß gefördert und gefordert wird, ist eine wesentliche Bedingung für ein be-

Überforderung: Die Anforderungen haben ein so großes Ausmaß und Gewicht, daß die individuellen Fähigkeiten zu ihrer Bewältigung nicht ausreichen. Um die Balance wieder herzustellen, müssen die persönlichen »Kapazitäten« gestärkt und die Umweltanforderungen verkleinert werden.

friedigendes und ausgeglichenes Leben gegeben. Wenn das Gleichgewicht jedoch nicht stimmt zwischen den beiden Faktoren, also
den eigenen Bewältigungsstrategien auf der einen Seite und den
Anforderungen der Umwelt auf der anderen Seite, entsteht Streß.
Streß in kleiner Dosierung ist gesund, denn er hilft durch gesteiger-
te und konzentrierte Energie, mit der Situation umzugehen. Ist er
jedoch von Dauer und von Übermaß, wächst die Gefahr, an ihm
körperlich, seelisch oder sozial Schaden zu nehmen.

Ein ungesundes Ungleichgewicht entsteht auch, wenn ein Kind
nicht genug gefordert ist. Kinder müssen in ihrer Entwicklung an-
geregt und stimuliert werden, um sich ausgeglichen, und ihren Fähigkeiten gemäß entwickeln zu können. Wenn die Fähigkeiten und

*Unterforderung: Die Anforderungen haben in der Entwicklung eines Kindes
so wenig Gewicht, daß seine Fähigkeiten nicht ausreichend genutzt werden.*

Möglichkeiten eines Kindes ungenutzt brachliegen, kommt es – ebenso wie bei der Überforderung – zu Auffälligkeiten. Problembereiche, in denen es zu Unterforderungen kommen kann, sind z.B. die Schule, wenn auf die speziellen Fähigkeiten einzelner Kinder und Jugendlicher nicht eingegangen wird, oder die Freizeit, wenn nicht ausreichend Anregungen und Möglichkeiten für eine sinnvolle und kreative Auseinandersetzung mit der Umwelt bestehen.

Wenn wir uns und unseren Kindern helfen wollen, Streß zu verhindern oder den Umgang mit Streß zu bewältigen, müssen wir zwei Wege einschlagen:

> Wir müssen überprüfen, mit welchen Anforderungen von außen (also auch von uns Eltern oder von der Schule aus) das Kind konfrontiert ist, und welche davon notwendig sind bzw. nicht geändert werden können, und wo Entlastungen möglich und nötig sind.

> Wir müssen überlegen, welche Fähigkeiten das Kind bereits entwickelt hat bzw. einsetzt, um sich zu stärken, sich auszuruhen, sich Ablenkung und Freude zu verschaffen, und diese »Bewältigungsstrategien« fördern und unterstützen. Denn diese helfen ihm, mit Streß umzugehen und langfristige Gesundheitsschäden zu vermeiden.

Wir haben eine »Checkliste« zusammengestellt von möglichen Fähigkeiten und Belastungen von Kindern und Jugendlichen. Dabei konnten wir nur einige Möglichkeiten angeben, die Sie auch als Idee und Orientierung nehmen können, das eigene Kind vielleicht einmal unter diesen Gesichtspunkten zu beobachten. Sicher fallen Ihnen noch weitere Stichpunkte ein.

Versuchen Sie einmal, sich in Ihr Kind (in eins Ihrer Kinder) hineinzuvertiefen: Was meinen Sie, wie steht es mit den *Fähigkeiten* des Kindes, Belastungen im Alltag vorzubeugen und sie zu verarbeiten?

Im Kontakt mit Erwachsenen: Ja   Nein

Mein Kind ...

... stellt Fragen, wenn es nicht weiter weiß   ☐   ☐

... wenn kann sich Hilfe holen, es nötig ist   ☐   ☐

... äußert eigene Meinungen, wenn es angebracht ist   ☐   ☐

... wehrt sich bei Ungerechtigkeiten   ☐   ☐

... holt sich Zuwendung, wenn nötig mit Nachdruck   ☐   ☐

... sucht körperliche Nähe bei vertrauten Erwachsenen   ☐   ☐

... hat noch zu anderen Erwachsenen eine vertraute
Beziehung   ☐   ☐

... kann geschickt mit Fremden umgehen   ☐   ☐

... .   ☐   ☐

Im Kontakt mit Gleichaltrigen:

Mein Kind ...

... hat Freunde, und pflegt diese Freundschaften auch   ☐   ☐

... kann längere Zeit mit anderen spielen   ☐   ☐

... kann Streit und Konflikte aushalten   ☐   ☐

... ist kompromißbereit   ☐   ☐

... hat Geheimnisse mit anderen   ☐   ☐

... schließt sich mit anderen zusammen, um gemeinsam etwas den Erwachsenen gegenüber durchzusetzen   ☐   ☐

... ist sehr gut in die Gruppe integriert   ☐   ☐

... will nicht immer im Mittelpunkt stehen, sondern
kann sich auch gut einordnen   ☐   ☐

... .   ☐   ☐

Im Kontakt mit sich selbst:

Mein Kind ...

... kann in sich selbst versunken spielen   ☐   ☐

... kann sich mit sich selbst über lange Zeiträume
beschäftigen   ☐   ☐

	Ja	Nein
... versucht, selbständig Fragen zu klären und Probleme zu lösen	☐	☐
... kann Wut und Ärger zeigen	☐	☐
... kann weinen	☐	☐
... hat eine ausgeglichene Stimmung	☐	☐
... scheint mit sich selbst ganz zufrieden zu sein	☐	☐
... .	☐	☐

Soweit zu den *Fähigkeiten* Ihres Kindes. Welche besonderen *Belastungen* hat Ihr Kind wohl im Vergleich zu anderen Kindern des gleichen Alters im Blick auf...

... die Familiensituation?

Mein Kind...

	Ja	Nein
... erlebt oft langanhaltende Spannungen und Konflikte zwischen Familienmitgliedern	☐	☐
... ist das »Sorgenkind« der Familie, weil es immer irgendwelche Probleme macht	☐	☐
... lebt mit nur einem Elternteil zusammen	☐	☐
... hat starke Konkurrenz zu den Geschwistern	☐	☐
... wird viel getadelt und zurechtgewiesen	☐	☐
... erlebt von Mutter und Vater sehr unterschiedliche Erziehungsstile	☐	☐
... ist viel ganz allein zuhause	☐	☐
... .	☐	☐

.... die Schulsituation?

Mein Kind ...

	Ja	Nein
... hat schon längere Zeit schlechte Noten	☐	☐
... hat eine Klasse wiederholt	☐	☐
... ist manchmal übertrieben ehrgeizig	☐	☐
... geht ungern zur Schule	☐	☐

	Ja	Nein
... fürchtet sich vor den Lehrern	☐	☐
... hat oft Angst, den Anforderungen nicht gerecht zu werden	☐	☐
... schafft Hausaufgaben nur mit ständiger Hilfe	☐	☐
... wird viel von anderen Mitschülern gehänselt	☐	☐
... .	☐	☐

... die Freizeit-, Wohn- und Umweltsituation?

Mein Kind ...

	Ja	Nein
... hat keine Kinder in der Nachbarschaft	☐	☐
... leidet darunter, daß es nicht so tolle Spielsachen hat wie andere	☐	☐
... ist durch zuviele Termine außerhalb der Schule oft sehr gehetzt	☐	☐
... verbringt zu viel Zeit vor dem Fernseher	☐	☐
... hat ein zu kleines Kinderzimmer bzw. keines	☐	☐
... hat keine unbebauten Flächen draußen, wo es einfach mal toben kann	☐	☐
... ist oft krank (z.B. Erkältungen)	☐	☐
... spricht viel über Angst vor Umweltzerstörung und Krieg	☐	☐
... .	☐	☐

Bitte vergleichen Sie jetzt die Fähigkeiten und die Belastungen, die Sie angekreuzt haben. Haben Sie den Eindruck, daß Belastungen und Fähigkeiten ungefähr im Gleichgewicht sind?

Streß entsteht, wenn die Fähigkeiten der Kinder oder Jugendlichen auf der einen Seite und die Anforderungen auf der anderen Seite nicht in etwa ausgeglichen sind. Wenn die Anforderungen zu stark und zu gewichtig werden, und das Kind dem wenig entgegensetzen kann, ist dies eine Überforderung; werden die Fähigkeiten eines Kindes nicht genutzt und liegen brach, ist es unterfordert. Wenn dieses Ungleichgewicht längere Zeit andauert oder wenn die Belastungen zu stark oder zu viele sind, kann sich das in einer breiten Palette von Auffälligkeiten zeigen. Diese Alarmsignale von Kindern und Jugendlichen zeigen sich im gesundheitlichen, sozialen oder seelischen Bereich. Auf diese möglichen Symptome gehen wir im folgenden ein.

Im Text werden Sie immer wieder »Tips zum Weiterlesen« finden. Dabei handelt es sich um Literatur, die auf das gerade besprochene Thema noch weiter eingeht. Es sind weitere Elternbücher oder Romane für Erwachsene, aber auch Kinder- und Jugendliteratur zum Thema. Dazu möchten wir Ihnen noch die Anregung geben, in die Kinder- und Jugendbücher selbst auch hineinzusehen, und sie nicht nur den Sprößlingen in die Hand zu drücken. Gerade das Lesen von Jugendliteratur hilft, sich in die Jugendlichen hineinzuversetzen, erleichtert gute Gespräche zwischen den Generationen und zeigt den Kindern und Jugendlichen, daß sie ernst genommen werden und ihre Belange für wichtig erachtet werden.

Kinder und Jugendliche in Schwierigkeiten

Zuerst einmal: Kindsein ist nicht »kinderleicht«! Jedes Kind schlägt sich mit mehr oder minder großen Problemen herum – und das muß es auch, um zu lernen, mit Schwierigkeiten umzugehen. Erst in der Auseinandersetzung mit der Alltagsumwelt – und zwar mit deren Sonnen- und Schattenseiten – entwickelt ein Kind und ein Jugendlicher seine spezielle Art, Dinge und Erlebnisse wahrzunehmen, einzuordnen und zu verarbeiten. Und daß dieser Prozeß nicht immer einfach und niemals abgeschlossen ist, wissen wir Erwachsene ja aus eigener Erfahrung. Wir können es den Kindern auch nicht abnehmen – so sehr wir uns das auch oft wünschen. Aber wir können sie begleiten, beobachten und manchmal unsere Hilfe anbieten. Wie zeigt uns aber ein Kind, daß es Unterstützung braucht?

Jüngere Kinder können meist noch nicht direkt sagen: »Mir ist dieses und jenes zuviel geworden, damit werde ich nicht fertig, deshalb bin ich zur Zeit unausstehlich oder krank.« Zusammenhänge zu erkennen zwischen plötzlich aufgetretenen oder langandauernden Belastungen und dem eigenen Verhalten oder Empfinden – das ist sehr schwierig und muß langsam gelernt werden. Auch wir Erwachsenen tun uns ja oft schwer damit, Verbindungen zwischen Belastungen und unserem Befinden zu erkennen.

Aber Ihr Kind hat Sie sicherlich schon einmal indirekt darauf aufmerksam gemacht, daß es Unterstützung braucht, durcheinander ist, mit einer Situation nicht zurecht kommt. In welcher Form tat es das damals bzw. tut es das heute? Wir haben eine Liste zusammengestellt von einigen Verhaltensweisen von Kindern im

Grundschulalter – mit der Anregung, daß Sie einmal überlegen, was Sie davon kennen, welche ihr Kind früher einmal gezeigt hat, und welche heute:

Ihr Kind ...	Früher	Heute
... weinte mehr als sonst	☐	☐
... suchte häufig Ihre Nähe	☐	☐
... konnte sich nur schwer konzentrieren	☐	☐
... machte plötzlich wieder ins Bett	☐	☐
... wachte nachts weinend auf	☐	☐
... brauchte viel Ermunterung und Lob für die einfachsten Dinge	☐	☐
... fiel in den Schulleistungen zurück	☐	☐
... hatte ständig Krach mit Spielkameraden	☐	☐
... tat sich schwer, Freundschaften zu schließen	☐	☐
... wurde schnell jähzornig	☐	☐
... wurde häufig krank	☐	☐
... wurde schnell müde	☐	☐
... schlief schlecht	☐	☐
... hatte Allergien	☐	☐
... fand keinen Anschluß an andere Kinder	☐	☐
... aß unmäßig viel	☐	☐
... kaute an den Fingernägeln	☐	☐

Einige dieser Verhaltensweisen werden Sie kennen – alle Kinder haben einmal Schwierigkeiten und äußern sie auf verschiedene Weise. Aber gehen Sie die Liste doch noch einmal durch und überlegen Sie dabei, wie Sie damals darauf reagiert haben, bzw. wie Sie heute damit umgehen.

Es ist oft erstaunlich, wie genau Eltern spüren, wann ihr Kind was braucht, und wie schnell und wie treffsicher sie auf kleine Unregelmäßigkeiten im Verhalten des Kindes reagieren – und dem Kind damit auch sehr häufig gezielt helfen. Zum Beispiel, Freundschaften der Kinder zu unterstützen, sowohl für Ruhepunkte im Alltag wie auch für altersentsprechende Anregungen zu sorgen, in den Arm nehmen und trösten, Erklärungen geben, ermuntern usw. Viele Eltern merken auch rechtzeitig, wenn es angemessen ist, Fachleute um Rat zu fragen.

Wahrnehmungs- und Leistungsstörungen

Familie M. kommt voller Besorgnis in die Erziehungsberatungsstelle der nächstliegenden Stadt. Die Lehrerin hat seit Monaten Probleme mit dem siebenjährigen Jonas, der die zweite Klasse besucht. Er verhalte sich im Unterricht unmöglich, sei extrem unruhig, schreie grundlos herum, zerreiße seine Testaufgaben – er sei unerträglich. Die Eltern sind ratlos: so kennen sie ihren Sohn nicht. Gut, hin und wieder sei er ungeduldig, oder auch einmal jähzornig, aber so schlimm sei es auch nicht. Auf genaues Nachfragen der Beraterinnen stellt sich heraus, daß auch familiäre Spannungen bestehen, die jedoch auf den ersten Blick nicht so massiv sind, daß sie das ungewöhnliche Verhalten von Jonas in der Schule erklären könnten. Auch fühlt er sich in der Klasse recht wohl, hat auch zwei Freunde dort.

Es wird entschieden, erstmal eine gründliche Diagnostik mit Jonas durchzuführen. Dabei handelt es sich um verschiedene Tests, die ein Bild von seinen Fähigkeiten und Schwierigkeiten vermitteln sollen – sowohl im intellektuellen als auch im gefühlsmäßigen Bereich. Das Ergebnis ist für alle Beteiligten überraschend: es stellt sich heraus, daß Jonas unter einer akustischen Wahrnehmungsschwäche *leidet, sodaß er nur sehr schwer zwischen wichtigen und unwichtigen Umweltreizen unterscheiden kann. Somit kann er nicht – wie die meisten Menschen – Hintergrundgeräusche, z.B. Autolärm, ausblenden. Der ständige Geräuschpegel in der Klasse ist für ihn unerträglich, die Spannung in ihm steigt, bis er sich durch Schreien oder Zerreißen Luft verschafft. Durch eine spezielle Form der Krankengymnastik (Psychomotorik) und eine heilpädagogische Übungsbehandlung bei einem Beschäftigungstherapeuten wird die Störung fast behoben. Da die Lehrerin nun endlich weiß, was mit Jonas los ist, kann sie auch besser auf ihn eingehen und ihm gezielt auch Ruhepausen verschaffen, z.B. durch kleine Botengänge durch das ruhige Schulhaus während des Unterrichts. Solche kleinen Hilfestellungen helfen Jonas sehr, den Schulalltag mit all seinen vielen Reizen zu überstehen.*

Jonas ist ein krasses Beispiel, aber es gibt viele Kinder (man schätzt etwa 4–7%), die Schwierigkeiten im Wahrnehmungs- und Leistungsbereich haben: die bekannteste ist die sogenannte Lese- und Rechtschreibschwäche (etwa 5% der Kinder) und die Rechenschwäche (etwa 2%). Darüberhinaus gibt es eine Reihe von Wahrnehmungsstörungen, wobei die von Jonas nur eine Variante ist. Anderen Kindern fällt es sehr schwer, verschiedene Formen oder Größenunterschiede zu erkennen, wodurch ihnen das Erlernen von Lesen und Schreiben ungeheuer schwer fällt.

Bei einer anderen Art von Entwicklungsschwächen, den *sensomotorischen Störungen*, können komplizierte Bewegungsabläufe nicht koordiniert werden. Ein solches Kind kann z.B. große Schwierigkeiten haben, Sehen und Bewegung zu koordinieren, oder das Gleichgewicht zu halten. Diese Kinder lernen nur sehr langsam Laufen, einen Ball zu fangen oder Fahrrad zu fahren. Wenn es sich um eine Schwäche der Feinmotorik handelt, zeigt es sich eher beim Malen, Schreiben und Basteln. Es sind Kinder mit »zwei linken Händen«.

Sicherlich gibt es auch in Ihrem Leben und gab es auch in der Kindheit einige Bereiche, in denen Sie sich schwer taten und mehr Mühe hatten als andere. Welche Bereiche waren das? Erzählen Sie auch ruhig Ihren Kindern einmal davon. Es macht die »starken« Eltern sehr menschlich, wenn die Kinder wissen, daß auch die Großen hin und wieder nicht so toll sind. Notieren Sie sich doch ein paar Stichworte dazu:

Ein Begriff, der auch im Zusammenhang mit Wahrnehmungs- und Leistungsstörungen immer wieder fällt, ist »Hyperaktivität« bzw. »hyperkinetisches Syndrom«. Dies beschreibt ein Verhalten, das sich aus motorischer Unruhe, zielloser Aktivität, Impulsivität, ungesteuerter Motorik, Konzentrationsschwäche, Aufmerksamkeitsstörungen, erhöhter Reizempfindlichkeit, sehr schneller Erregbarkeit und schneller Enttäuschbarkeit zusammensetzt. Die Kinder zeigen überhastete und unkonzentrierte Arbeitsweisen, die vor allem in der Schule auffallen. Sie können nicht ruhig und konzentriert handeln, statt dessen sind sie oft übertrieben reizbar und erregbar. Häufig treten auch Folgeprobleme auf, wie Kontakt- und Beziehungsstörungen, Lernstörungen im schulischen Bereich, Selbstwertprobleme und Verhaltensauffälligkeiten.

Kennen Sie nicht auch mindestens eine Handvoll Kinder, auf die diese Beschreibung zum Teil zutrifft? Und mit Sicherheit sind nur sehr wenige dieser Kinder im eigentlichen Sinne »hyperaktiv«. Aber oft wird mit diesem Begriff hantiert, vielleicht um eine Erklärung für ein ungewöhnliches Verhalten bei einem Kind zur Hand zu haben. Und eine so »medizinisch« anmutende Erklärung hält oft die Verantwortlichen davon ab, nach den wirklichen Gründen für das auffällige Verhalten des Kindes zu suchen.

Dies ist auch bei *Konzentrationsstörungen* nötig, mit denen sich etwa jedes 20. Kind herumschlagen muß. Unter diesem Begriff werden verschiedene Auffälligkeiten von Kindern gefaßt: Die Kinder träumen viel, lassen sich leicht ablenken, können nur schwer eine Aufgabe zu Ende bringen, ermüden rasch. Kinder, die unglücklich sind, die gerade einen Entwicklungssprung machen, die mit verschiedenen sozialen Problemen belastet sind oder deren Familie vielleicht vor der Scheidung steht, können sich nur sehr schwer konzentrieren. Oder auch Kinder, die mit den schulischen Anforderungen einfach überfordert sind. Hier gilt es, sehr sorgsam zu überprüfen, welches der Grund für die Probleme ist, und nicht vorschnell zu Medikamenten zu greifen, was leider sehr häufig geschieht.

Tips zum Weiterlesen:

- Märta Tikkanen: Aifos heißt Sofia. Leben mit einem besonderen Kind (Rowohlt, 1983).
- Sten Nadolny: Die Entdeckung der Langsamkeit (Piper 1990).
- Regina Rusch: Zappelhannes (Aurich-Verlag 1988) ab 9 J.
- Gudrun Mebs: Das Sonntagskind (Sauerländer 1989) ab 9 J.

Verhaltensauffälligkeiten

Am deutlichsten sehen wir gewöhnlich, daß ein Kind in Schwierig-keiten ist, wenn es »Verhaltensauffälligkeiten« zeigt, also z.B. nachts ins Bett macht, an den Nägeln kaut oder in der Schule den »Klassenkaspar« spielt. Solche und noch viele andere Verhal-tensweisen von Kindern werden oft als »psychosoziale Auffällig-keiten« bezeichnet. Damit wird zum Ausdruck gebracht, daß es sich um ein Verhalten handelt, das von der erwarteten Norm ab-weicht und zugleich, daß es sich um Wechselwirkungen zwischen dem seelischen (psychischen) Befinden des Kindes und der (sozia-len) Umgebung handelt.

Ein Kind wird nicht aus sich selbst heraus »schwierig«; es gibt dafür immer Ursachen, z.B. in der Familie oder der Schule. Aber hier sollte man vorsichtig sein mit zu schnellen Erklärungen: »Fe-lix mußte ja schwierig werden – bei dem Vater!« So einfach geht's gewöhnlich nicht – das können alle Mitarbeiterinnen und Mitarbei-ter an Erziehungsberatungsstellen bestätigen. Wenn ein Kind schwierig wird, spielen so viele soziale Faktoren zusammen, daß nie ein »Schuldiger« oder eine ähnlich simple Erklärung gefunden werden kann. Das soziale Umfeld spielt bei der Wahrnehmung und »Definition« von psychosozialen Auffälligkeiten eine große Rolle. Hierzu ein Beispiel:

Christina und Jan, beide sind sieben Jahre alt, lernen sich in der Schule kennen und befreunden sich miteinander. Im Laufe der Zeit lernen Jans Eltern Christina kennen und umgekehrt auch Christi-nas Eltern ihren Freund Jan. Und beide Elternpaare sind entsetzt.

Christina sei – so Jans Eltern – völlig verwahrlost: sie sei äußerlich in einem erschreckenden Maße heruntergekommen, wild und unbeständig, könne keinen Moment stillsitzen und der Umgang mit ihr sei sehr schwierig. Christinas Eltern berichten über Jan, sie hätten noch nie ein so verklemmtes, eingeschüchtertes Kerlchen gesehen, er würde kaum ein Wort sagen und im Spiel sei er übermäßig vorsichtig und ängstlich.

Bei Christina und Jan handelt es sich zum einen um wirklich unterschiedliche kindliche Persönlichkeiten. Zum anderen aber wachsen sie beide in Familien auf, die teilweise entgegengesetzte Vorstellungen davon haben, wie sich Kinder entwickeln sollten – und so

beurteilen beide Elternpaare das fremde Kind als »gestört«. Die Einschätzung, ob ein Kind nun als verhaltensauffällig bezeichnet werden kann – und damit entsprechende Hilfe braucht –, ist also nicht einfach. Sie muß in jedem Fall einzeln überprüft werden.

Repräsentative Studien kommen zu dem Ergebnis, daß im Durchschnitt etwa 10–12% der Kinder im Grundschulalter psychosoziale Auffälligkeiten zeigen. Im Jugendalter muß sogar mit etwa 15% gerechnet werden. Die Tendenz ist in den letzten Jahren steigend. Unter den auffälligen Kindern und Jugendlichen befindet sich ein Kern von ungefähr 5%, der so massive Probleme hat, daß eine Unterstützung unbedingt notwendig ist. Alle Studien zeigen, daß im Kindesalter die Belastung von Jungen deutlich höher ist als

von Mädchen; im Jugendalter jedoch gleicht es sich eher an, und es kommt in vielen Bereichen dann zu höheren Belastungssymptomen bei Mädchen.

Überlegen Sie doch bitte, welche Verhaltensweisen von Kindern und Jugendlichen Sie selbst als auffällig und besorgniserregend einstufen würden. Schreiben Sie bitte ein paar Stichworte dazu auf:

Wer von Ihren Bekannten oder Verwandten würde Ihre Meinung wohl teilen? Wer wahrscheinlich nicht?

Ein besonderes Problem ist für viele Familien, wenn ein Kind aggressiv wird. Die meisten Eltern werden auf *aggressive Handlungen* ihrer Kinder meist aufmerksam, wenn die ersten stabileren Kontakte zu Gleichaltrigen hergestellt werden, in Spielgruppen, zu Hause und in der Nachbarschaft oder im Kindergarten und in der Schule. Viele Eltern sind unsicher, wie sie das aggressive Verhalten der eigenen Kinder bewerten sollen: Einerseits sehen sie es als positiv an, wenn das eigene Kind die Fähigkeit entwickelt, sich gegenüber Gleichaltrigen mit eigenen Interessen und Bedürfnissen durchzusetzen. Und sie nehmen in Kauf, daß dabei hin und wieder auch aggressive Handlungen auftreten. Wird nicht auch in vielen wichtigen Bereichen des Alltags stillschweigend eine gewisse Aggressivität positiv gewertet? Wird nicht zunehmend der Begriff »aggressiv« als gleichwertig mit dem Begriff »offensiv« gesetzt, z.B. im Sport und im organisierten Spiel, in vielen Bereichen des Wirtschaftslebens und der Rechtsverkehrs?

Auf der anderen Seite beschäftigt die Eltern natürlich die Frage, unter welchen Umständen das aggressive Verhalten ihrer Kinder mit den vorherrschenden moralischen Vorstellungen in ihrem Umfeld zu vereinbaren ist. Gerade religiös und ethisch sensible Eltern schrecken auf, wenn sie Elemente von Gewalt in den Handlungen ihrer eigenen Kinder beobachten können. Dulden sie damit ein Aufkeimen von unsolidarischen Verhaltensweisen? Sind sie als Bezugspersonen und Erzieher nicht verpflichtet, jedes aggressive Verhalten ihres Kindes schon in Ansatzpunkten zurückzudrängen? Eine schwierige Frage, die alle Eltern immer wieder neu beantworten müssen.

Tips zum Weiterlesen:

- Arndt Stein: Mein Kind hat Angst. Wie Eltern verstehen und helfen können (Kösel, 1982).
- Antonio Martinez-Menchen: Pepito und der unsichtbare Hund (Dressler, 1990), ab 8 Jahre.
- Jochen Ziem: Boris, Kreuzberg, 12 Jahre (Erika Klopp-Verlag, 1988) ab 12 Jahre.
- Peter Härtling: Jacob hinter der blauen Tür. (Beltz, 1990) ab 10 Jahre.

Körperliche Krankheiten

Generell sagt man, daß sich die Krankheitsbilder verändert haben: die akuten Infektionskrankheiten sind nicht mehr so besorgniserregend – Scharlach, Röteln, auch Lungenentzündung z.B. sind heute weniger lebensbedrohlich. Auch wenn Sie – wie viele Eltern – es nicht gerne sehen, wenn die Kinderärztin oder der Kinderarzt »zu schnell« Antibiotika verschreibt, wissen Sie doch, daß es notfalls das Leben Ihres Kindes retten kann. So haben sich auch die Krankheits- und Todesstatistiken in den letzten Jahrzehnten deutlich verändert. Kinder überleben in einem weit höheren Maße als noch vor fünfzig Jahren, sowohl als Säuglinge als auch später.

Jedoch haben die chronischen Erkrankungen erheblich zugenommen. 1974 waren noch 9,3% aller erkrankten Kinder unter 15 Jahren von chronischen Erkrankungen betroffen, so waren es 1982 bereits 14,1%. Und die Tendenz ist weiter steigend. Dabei handelt es sich vor allem um Allergien, Asthma bronchiale, Neurodermitis, angeborene Herzfehler, Epilepsie, Diabetes und Krebs, die über viele Jahre lang in mehr oder weniger bedrohlicher Weise das Handeln und Empfinden eines Kindes beeinflussen.

Thomas ist zehn Jahre alt und schwer nierenkrank. Die Beeinträchtigungen, mit denen er leben muß, betreffen jedoch nicht nur die Erkrankung direkt, also Klinikaufenthalte oder Medikamente, sondern auch alle anderen Bereiche des Lebens. So ist er z.B. für sein Alter viel zu klein – eine Folge einiger lebensnotwendiger Medikamente – und wird somit von Erwachsenen häufig unterschätzt und »wie ein Baby behandelt«, was ihn sehr kränkt. Noch schlimmer sind für ihn jedoch die Hänseleien anderer Kinder; auch der Aufbau fester Freundschaften und seine Position in der Klassengemeinschaft ist nicht ganz unproblematisch, weil er doch recht oft in der Schule fehlt, und auch nicht an allen Aktivitäten teilnehmen kann, z.B. einer Klassenfahrt.

Erleichtert wird es ihm jedoch dadurch, daß seine Eltern ihn in vielem, vor allem seinem Streben nach Selbständigkeit und Unabhängigkeit, sehr unterstützen. Sie wissen aus einer Selbsthilfegruppe von Eltern chronisch kranker Kinder von der Gefahr, diese Kinder zu sehr »in Watte zu packen«. So werden oft Erfahrungen und Erlebnisse verhindert, die trotz der Erkrankung möglich und zugleich ungeheuer wichtig für die soziale Entwicklung des Kindes sind. Thomas' Eltern versuchen immer wieder, mit ihrem Jungen gemeinsam einen Weg zu finden, damit er sich möglichst altersgemäß entwickeln kann und nicht auf zu viele Freuden verzichten muß. So haben sie z.B., als Thomas sehr unglücklich darüber war,

*daß er an einer Klassenfahrt nicht teilnehmen konnte, ihm erlaubt,
die ganze Klasse zu einem Sommerfest am nahegelegenen See ein-
zuladen. Außerdem durfte er in den darauf folgenden Ferien an einer speziellen Ferienmaßnahme für nierenkranke Kinder teilnehmen. Somit gab es zwei »Trostpflaster«, die sehr wichtig waren:
das Sommerfest, um seine Integration in die Klassengemeinschaft
zu unterstützen, und die Ferienfreizeit mit ihren besonderen Aben-
teuern.*

Chronisch kranke Kinder brauchen oft besondere Hilfen, vor allem
im sozialen Bereich, und benötigen auch Unterstützung, um ein sta-
biles Selbstbewußtsein und eine angemessene Selbständigkeit zu

entwickeln. Aber was haben diese Krankheiten von Kindern mit Streß zu tun? Nehmen wir als Beispiel die Allergien, unter denen heute 20–25% aller Kinder und Jugendlichen zu leiden haben – das sind sehr viel mehr als früher. Womit ist diese Zunahme allergischer Erkrankungen zu erklären? Wissenschaftlerinnen und Wissenschaftler gehen davon aus, daß hier Umweltgifte eine bedeutende Rolle spielen – entweder direkt als Auslöser oder aber dadurch, daß sie die Widerstandskraft der Kinder negativ beeinflussen, die Kinder also durch die allmähliche Vergiftung von Luft und Nahrungsmitteln empfindsamer und verletzlicher werden.

Die Widerstandskraft spielt auch bei den Krebserkrankungen eine große Rolle: Im Immunsystem des Körpers sorgen sogenannte Killerzellen dafür, daß Krebszellen, die immer im Körper vorhanden sind, vernichtet werden. Ist das Immunsystem geschwächt, haben die Krebszellen eine größere Chance, sich im Körper festzusetzen. Und das Immunsystem wird von psychischen, sozialen und ökologischen Prozessen sehr beeinflußt.

Tips zum Weiterlesen:

– Heinricht Lang: Wenn Kinder krank sind. Tips und Ratschläge vom Kinderarzt (Orell Füssli, 1989).
– Thomas Bergmann: Jeden Tag leben. Hanna und Frederik haben Leukämie (Kinderbuchverlag Luzern, 1989) ab 7 Jahre.
– Elisabeth Reuter: Christian (Ellermann, 1989) ab 6 Jahre.
– Hartmut Schmidt, Christine Merz: Komm mit mir ins Krankenhaus (Herder, 1989) ab 6 Jahre.

Fehlernährung

Krankhaftes Übergewicht zeigen in westlichen Industrienationen etwa 15–20% aller Kinder und Jugendlicher; bei Jugendlichen zwischen 14 und 16 Jahren steigt diese Zahl noch weiter. Ist ein Elternteil bereits übergewichtig, oder beide, sind es schon 40% der Kinder. Übergewichtige Kinder sind oft stark von den Eltern abhängig und zeigen wenig Selbständigkeit. Die Mütter versuchen ihre Kinder sehr zu beschützen und zu behüten, während die Väter eher zurückgezogen und passiv sind. Neben diesen seelischen und familiären Faktoren, die bei Übergewicht eine Rolle spielen, zeigt sich aber auch, daß viele Eltern zu wenig über eine ausgewogene Ernährung von Kindern wissen. So kommt es auch, daß erschreckend viele Kinder und Jugendliche falsch ernährt werden und Symptome von Mangelernährung zeigen. Mangelernährung nicht deshalb, weil sie zu wenig essen, sondern weil sie zu wenig Nährstoffe zu sich nehmen. Als grobe Orientierung kann man sagen, daß eine gesunde Ernährung (nicht nur) von Kindern und Jugendlichen aus möglichst frischen naturbelassenen Produkten besteht und wenig Zucker und Fett enthält. Doch gerade Zucker und Fett sind oft in fertigen Produkten »versteckt« und fallen daher oft nicht auf. Gerade der Zucker zeigt seine Wirkungen nicht nur im Übergewicht, sondern auch in dem schlechten Zustand der Zähne sehr vieler Kinder.

Mathias ist sieben Jahre alt und hat ständig Zahnschmerzen. Er hat früher viel Fertigtees getrunken, da seine Eltern nicht wußten, daß sie darauf achten mußten, ob und wieviel Zucker diese Tees enthalten. Karies hatte seine Zähne angegriffen, bevor er mit einer Zahnbürste richtig umgehen konnte. Seit der Kinderarzt erklärt hat, daß die Fertigtees wohl mit daran schuld sind, bekommt Mathias Limonade zu trinken. Auf die Idee, daß auch dort viel Zucker versteckt ist, kommen seine Eltern nicht.

Tips zum Weiterlesen:

- Eßgeschichten. Wenn Kinder zu dick oder zu dünn werden: Was dahintersteckt und was man tun kann. Broschüre, die kostenlos angefordert werden kann bei der: Bundeszentrale für gesundheitliche Aufkärung, Postfach 910152, 5000 Köln 91.
- Mirjam Pressler: Bitterschokolade (Beltz, 1983) ab 12 Jahre.
- Marilyn Sachs: Keine Pizza mehr für Ellen (Anrich, 1989) ab 13 Jahre.
- Christine Nöstlinger: Lollipop (Beltz, 1988) ab 8 Jahre.
- Christine Nöstlinger: Die Kinder aus dem Kinderkeller (Beltz, 1985) ab 8 Jahre.

Psychosomatische Erkrankungen

Psychosomatische Erkrankungen sind Störungen, die mit einer körperlichen Symptomatik und einem faßbaren körperlichen Befund einhergehen, bei denen jedoch psychische Einflüsse als Ursache oder Teilursache vorliegen, oder aber den Krankheitsprozeß aufrechterhalten. Neben der individuellen Persönlichkeit des Kindes bzw. des Jugendlichen spielt bei den psychosomatischen Erkrankungen die Familie eine besondere Rolle. Es wurde in der psychotherapeutischen Arbeit mit den jungen Patienten herausgefunden, daß die Familien dieser Kinder und Jugendlichen einander oft sehr ähnlich sind. Eine bestimmte Familienstruktur erhöht also die Wahrscheinlichkeit, daß ein Kind psychosomatisch krank wird. Familie F. zeigt diese Familienstruktur sehr deutlich, weshalb wir hier kurz von ihr erzählen:

Familie F., deren älteste, vierzehnjährige Tochter Elke magersüchtig war, war es ein Rätsel, weshalb sie an einer Familientherapie teilnehmen sollten. Sie waren doch wirklich eine glückliche Familie; nur Elkes Weigerung zu essen war ein Problem. Sonst war alles in Ordnung: ein friedliches, harmonisches Familienleben ist allen sehr wichtig, sie unternehmen viel miteinander, erzählen einander alles, Streit gibt es praktisch nie.

In der Familientherapie stellte sich jedoch heraus, daß diese intensive Nähe und Intimität auch deutliche Schattenseiten hatte: Die Familienmitglieder fühlten sich so sehr als Teil der Familie, daß sie sich kaum als eigenständige, autonome Persönlichkeiten wahrnehmen konnten. So sprachen sie z.B. sehr oft als »wir«, daß Wort »ich« kam selten vor. Auch waren alle so sehr davon erfüllt, sich für die anderen verantwortlich zu fühlen, daß sie oft die Verantwortung für sich selbst nicht sahen – warum auch, wenn alle anderen sich darum kümmern ... Und Konflikte? Nun, es stellte sich heraus, daß vieles »unterm Teppich« war.

Als Elke, die Älteste, nun in die Pubertät kam, wurde es schwierig: Jede Familie muß sich dann verändern, neue Regeln aushan-

deln, einander und sich selbst anders wahrnehmen lernen und neue Rollen im Umgang miteinander finden. Damit war Familie F. überfordert: ihr Ideal einer glücklichen Familie war in Gefahr, weil in Zeiten der Veränderung auch Konflikte auftreten können und wirklich ausgehandelt werden müssen. Und weil die Themen einer Familie mit pubertierenden Jugendlichen nun einmal heißen: Autonomie, Selbständigkeit, Ablösung. Und auch das war sehr bedrohlich. Und Elke wurde krank. Durch die Magersucht konnte sie einerseits ihre Selbstdisziplin und ihren eigenen Willen unter Beweis stellen, und andererseits dafür sorgen, daß sich die Eltern permanent um sie sorgten – wie um einen Säugling.

Nicht alle Familien mit psychosomatisch erkrankten Kindern leben genauso wie Familie F. – jedoch lassen sich oft viele Gemeinsamkeiten finden. Und auch nicht jede psychosomatische Auffälligkeit muß gleich so bedrohlich werden wie Elkes Magersucht. Fast alle Kinder reagieren auf seelische oder soziale Belastungen irgendwann auch einmal mit Bauch- oder Kopfschmerzen, Übelkeit oder Fieber, denn schließlich sind Körper und Seele eine untrennbare Einheit. Oft sind die Zusammenhänge z.B. mit Schulproblemen dann auch so offensichtlich, daß Eltern mit Trösten, Gesprächen und Zuwendung vieles ausgleichen können. Unsicher werden jedoch viele Eltern, wann es angemessen ist, dem Kind z.B. durch eine Kopfschmerztablette die Beschwerden zu nehmen.

Tips zum Weiterlesen

- Brett Valette: Suppenkaspar und Nimmersatt. Eßstörungen bei Kindern und Jugendlichen (Rowohlt, 1990).
- Kaspar Kiepenheuer: Was kranke Kinder sagen wollen (Kreuz-Verlag, 1989).

Medikamentenkonsum von Kindern und Jugendlichen

Überlegen Sie doch bitte einmal, wieviele Medikamente Sie Ihrem Kind im Laufe der letzten vier Wochen gegeben haben, und notieren Sie es sich bitte:

Bei einer Untersuchung in Nordrhein-Westfalen sagten 29% von 2000 befragten Müttern, sie hätten ihren Kindern in einem Zeitraum von vier Wochen Mittel gegen Schnupfen und Husten, gegen Rheuma, Bronchitis, Allergien und rund 30 andere Krankheiten gegeben. Aber nicht einmal die Hälfte der Kinder war wirklich krank! Die Mütter begründeten die Medikamente mit »Verhaltensauffälligkeiten« der Kinder, wobei sie Konzentrationsmängel, Zappeligkeit, Kopf- und Magenschmerzen und Schlafstörungen am häufigsten nannten.

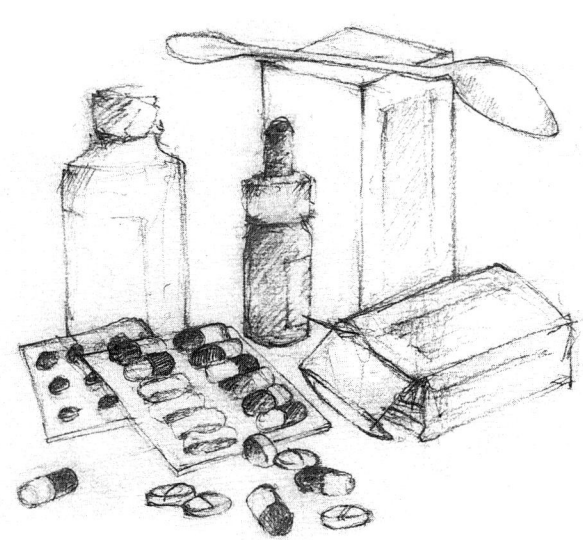

Bei dieser Untersuchung zeigte sich auch, daß der Medikamentenmißbrauch der Kinder etwas mit dem Einkommen der Eltern zu tun hat: Kinder in Familien mit einem monatlichen Pro-Kopf-Einkommen von 1000 Mark und mehr schlucken beispielsweise 60% mehr Tabletten als Kinder aus Familien mit weniger als 500 Mark Pro-Kopf- Einkommen. Der Ehrgeiz der »Mittelschichteltern«, ihre Kinder fit zu machen und fit zu halten für den noch gar nicht begonnenen »Ernst der Lebens«, spielt offenbar eine wichtige Rolle. Auch in einer anderen Studie zeigen sich die Zusammenhänge von Medikamentenkonsum und Leistungserwartungen, und auch deren steigende Tendenz: Während 1978 bereits 18% der Eltern der Meinung waren, Schulprobleme könne man gut mit Medikamenten angehen, waren es 1982 schon 36% der Eltern, die diese Ansicht teilten. Hierzu ein erschreckendes Fallbeispiel:

Markus, 14 Jahre alt, besucht die achte Klasse eines Gymnasiums und erscheint eines Tages in der Sprechstunde des Beratungslehrers der Schule. Er zögert und rückt nur langsam mit der Sprache heraus: Er habe Angst, medikamentenabhängig zu werden oder schon zu sein. Und so langsam erzählt er die ganze Geschichte: Im vorigen Schuljahr waren seine Leistungen in einigen Fächern, vor allem in den Sprachen, deutlich gesunken. Er hatte das Hinzukommen der zweiten Fremdsprache nicht recht verdauen können, da er auch schon in Englisch, der ersten Fremdsprache, Schwierigkeiten hatte. Aber auch in anderen Fächern war er schlechter geworden. Na, und seine Eltern waren ganz schön besorgt gewesen, vor allem sein Vater hatte sich sehr aufgeregt. Immer wieder hatte er Markus ermahnt, mehr zu lernen, vor allem Vokabeln. Das hatte Markus ja auch versucht – aber die Noten wurden und wurden nicht besser. Und dann sagten die Lehrer beim Elternsprechtag, daß Markus unkonzentriert und fahrig sei; wenn er sich besser konzentrieren würde, könne er viel bessere Leistungen bringen.

Daraufhin sagte Markus' Vater, daß man da etwas unternehmen könne: er hatte von einem konzentrationsfördernden Medikament gehört und meldete Markus beim Hausarzt an. Nach einem ausführlichen Gespräch und einer gründlichen Untersuchung ver-

schrieb der Arzt dieses Medikament – ungern und nur auf das Drängen des Vaters hin. Denn dieser hatte dem Arzt geschildert, wie sehr ihn die schwachen Leistungen seines Sohnes beunruhigten. Er selbst habe in seinem schulischen und beruflichen Leben die Erfahrung gemacht, wie wichtig ein schulischer Abschluß sei. Er könne aus seinem gesamten Berufsumfeld hören, wie notwendig heute ein guter mittlerer Abschluß oder möglichst das Abitur sei. Er und seine Frau wüßten aus eigener Erfahrung, wie schwierig es sonst sei, sich in höhere berufliche Ränge hochzuarbeiten.

Mit Beginn des nächsten Schuljahres nahm Markus jeden Tag zum Frühstück eine Kapsel dieses Medikamentes ein. Tatsächlich wurden seine Leistungen allmählich besser! Und jetzt nimmt er sie seit sechs Monaten. Seit drei Wochen aber, und deswegen komme er auch zum Beratungslehrer, hat er das Gefühl, daß die Wirkung des Medikamentes nachlasse. Nachdem er in der letzten Arbeit in Französisch fast eine fünf geschrieben hatte, nimmt er jetzt heimlich jeden Morgen zwei Kapseln: die doppelte Menge. Und jetzt hat er auch das Gefühl, daß das Medikament wieder richtig wirkt. Allerdings ist ihm seit zwei Wochen auch sehr schwindlig, er fühlt sich ständig unwohl und kann abends nicht einschlafen. Seine Eltern hatten ihm jetzt schon mehrmals Schlaftabletten gegeben – aber sie wußten noch immer nichts davon, daß er die doppelte Menge von den konzentrationsfördernden Medikamenten einnimmt...

Eine schwierige Situation: für Markus, für den Beratungslehrer und auch für Markus' Eltern. Denn sie wollten ja nur das Beste für ihren Jungen, möchten ihm die besten Grundlagen für's Leben mitgeben – und bringen ihn doch in beträchtliche Schwierigkeiten, obwohl sie ihm doch helfen wollten. Es ist schwer für Eltern zu erkennen, daß ihr Kind zeitweise (z.B. zu Beginn der Pubertät) oder teilweise (etwa in den schulischen Leistungen) nicht den Erfolg hat, den sie ihm wünschen. Und es ist sehr schwierig für ein Kind, wenn es bemerkt, daß es den Hoffnungen und Erwartungen der Eltern nicht entsprechen kann. Der vermeintliche Ausweg über Medikamente ist gewöhnlich nur eine scheinbare Lösung, da ihre Neben- und

Folgewirkungen beträchtlich sind – Markus ist kein besonders krasser Ausnahmefall.

Tips zum Weiterlesen

– Reinhard Voss, Roswitha Wirtz: Keine Pillen für den Zappelphilipp (Rowohlt, 1990).

Alkohol-, Tabak- und Drogenkonsum von Jugendlichen

Die Angst, daß ihre Kinder Drogen konsumieren könnten, befällt fast alle Eltern von Heranwachsenden. Es wird ja auch in den Medien viel darüber berichtet, vor allem über die Menschen, die mit Drogenmißbrauch ihr Leben völlig ruiniert haben. Wenn Eltern solche Berichte lesen, ist es verständlich, daß sie in Panik geraten.

Wie groß aber ist die Bedrohung wirklich, und was versteht man unter Drogen? Als Drogen bezeichnet man solche Stoffe, die über das Zentralnervensystem abnorme Erlebniszustände bewirken. Diese Wirkstoffe können pflanzlicher Natur sein (z.B. Tabak) oder chemisch-synthetischer Herkunft (z.B. LSD). Man unterscheidet weiter legale und illegale Drogen: Als legale Drogen gelten in unserem Kulturkreis Alkohol, Tabak und Arzneien, als illegal die sogenannten Rauschdrogen wie Cannabis (Haschisch), Halluzinogene und Substanzen, die dem Betäubungsmittelgesetz unterliegen, z.B. Heroin und Kokain. Als Drogenabhängigkeit versteht man, wenn dem Körper ein Suchtmittel ständig zugeführt werden muß.

Überlegen Sie doch bitte einmal, wieviele Menschen in Ihrer Umgebung bzw. in der Ihres Kindes wirklich ein Vorbild sein könnten, indem deutlich wird, daß Alkohol und Zigaretten nicht zum Erwachsensein gehören.

Der Alkoholkonsum von Jugendlichen scheint in besonderem Maße mit Einflüssen vom Elternhaus verbunden zu sein. Wenn Kinder und Jugendliche dort erleben, daß die Eltern täglich Alkohol zu sich nehmen, werden sie zu der Einstellung kommen, daß der Konsum normal und vor allem ein Zeichen von »Erwachsen-Sein« ist. Bei dem Konsum von Tabak und Marihuana ist die Gruppe der Gleichaltrigen entscheidender. Gerade jüngere Jugendliche versuchen mit der Zigarette in der Hand Unsicherheiten zu überspielen und sich Anerkennung bei den Gleichaltrigen zu verschaffen. Bei den harten Drogen, z.B. Heroin, spielen schwere familiäre Konflikte, aber auch große unbewältigte Krisen in der Persönlichkeitsentwicklung eine große Rolle.

Kinder und Jugendliche begegnen Drogen, und zwar nicht nur Alkohol und Zigaretten, sondern auch illegalen Drogen. In fast jeder Schule gibt es einen mehr oder minder großen Drogenmarkt, und somit gehören Drogen zu der Lebenswelt von Jugendlichen. Daher ist es auch nicht verwunderlich, daß viele Jugendliche auch illegale Drogen ausprobieren; dies ist meist Haschisch/ Marihuana. Bei den meisten bleibt es beim reinen Probieren. Aber einige rutschen in eine Drogenlaufbahn ab; leider werden es immer mehr. Vor allem ab 17/18 Jahren steigt die Bereitschaft, harte Drogen wie Kokain oder Heroin zu nehmen. Hier ist die Zahl der Konsumenten und Abhängigen gestiegen, was sich auch in einem deutlichen Anstieg der Todesfälle ausdrückt.

Beim Thema »Zigaretten« läßt sich seit einigen Jahren bei Jugendlichen ein Trend zur Zurückhaltung feststellen. So ist der Anteil von 12- bis 24jährigen, die bei Befragungen angeben, noch nie in ihrem Leben eine Zigarette geraucht zu haben, gestiegen. Und bei den ständigen Rauchern ist ein Absinken auf etwa ein Drittel eines Jahrgangs zu beobachten. Gewöhnlich liegt das Einstiegsalter ins Rauchen bei 14–18 Jahren. Ein Jugendlicher, der bis zum Alter von 19 oder 20 Jahren Nichtraucher geblieben ist, wird dies mit hoher Wahrscheinlichkeit auch bleiben.

Die Ausgangssituation für den Konsum von Alkohol ist teilweise mit der des Rauchens vergleichbar: Die Jugendlichen wollen in der Gruppe mitmachen, keine Außenseiter darstellen und auch Ge-

fühle von Unsicherheit »wegtrinken«. Der Übergang vom normalen Trinken zum Suchttrinken ist allerdings hiermit nicht zu erklären. Möglicherweise spielen hier auch Persönlichkeitsfaktoren eine
Rolle, sicherlich aber soziale und seelische Unsicherheiten. Der Alkoholkonsum hat erschreckende Ausmaße angenommen und dürfte
heute das größte »Drogenproblem« darstellen. Von den 15–17 jäh-
rigen Jugendlichen sind schon etwa 2% als alkoholgefährdet zu bezeichnen.

Tips zum Weiterlesen

- Wolfgang Metzner, Bernd Georg Thamm: Drogen (Gruner und
  Jahr, 1989).
- Ann Ladiges: Hau ab, Du Flasche (Rowohlt, 1978) ab 12 Jahre.
- Christiane F.: Wir Kinder vom Bahnhof Zoo (Gruner und Jahr,
  1988) ab 14 Jahre.
- Wolfgang Gabel: Fix und fertig (Beltz 1987) ab 14 Jahre.

Unfälle im Jugendalter

Auch, aber nicht nur in Verbindung mit übermäßigem Alkoholge-
nuß kommt es im Jugendalter zu erschreckend vielen Unfällen, die
zum Teil auch tödlich enden. In den amtlichen Statistiken über Todesfälle zeigt sich, daß Unfälle bei Kindern und Jugendlichen die
Todesursache Nr. 1 sind. Dabei sind Jungen erheblich stärker von
Unfällen betroffen als Mädchen. Als besondere Problemgruppe erweisen sich die 15- bis 25jährigen, vor allem im Verkehr. Risikorei-
ches Verkehrsverhalten muß man im Zusammenhang mit den besonderen Entwicklungsanforderungen in der Jugendphase und mit
dem sozialen Lebensraum der Jugendlichen betrachten. Risikover-
halten kann ein Ausdruck für die Auseinandersetzung mit der eigenen Entwicklung sein. Es spiegelt den Wunsch wider, an die Grenze der eigenen Körperkräfte und psychischen Verarbeitungsfähig-
keit zu gehen. Extreme Sportarten, unkontrolliertes Verkehrsverhalten und Drogenkonsum haben hier einen Ausgangspunkt.

Julian ist fast 15 Jahre alt und für die Schule längst zu alt (meint er). Er möchte wirklich etwas tun, etwas eigenes auf die Beine stellen, sein eigenes Geld verdienen und auch mal auf den Kopf hauen dürfen. Aber dieses öde Rumhocken in der Schule – gerade seit dem Praktikum auf der Großbaustelle fällt es ihm besonders schwer. Aber heute hat er sich das Moped von seinem Kumpel geliehen – da wird er erstmal 'was abziehen (Führerscheinkontrollen werden ihm ja wohl nicht passieren...). Gleich nach der Schule setzt er sich auf das Moped und braust los. Der Fahrtwind saust an ihm vorbei und innerlich wächst er sofort um einige Jahre. In Gedanken stellt er sich vor, wie sein Leben anders sein könnte, wie toll es einmal werden wird und wem er es dann richtig »zeigen« kann. Parallel zu seinen geistigen Höhenflügen steigt auch das Tempo, das er fährt. Und als er gerade fast Supermanndimensionen einnimmt, winkt ihn die Kelle einer Verkehrskontrolle zur Seite.

Dadurch, daß der Alltag von Jugendlichen so sehr reglementiert ist, bieten wir ihnen nur wenige Möglichkeiten und Spielräume, um ih-

re Kräfte und Wünsche auszudrücken und auszuüben. In Familie und Schule ist oft nur eine sehr »kultivierte« Abfuhr der Energie möglich, außerhalb dieser Bereiche stoßen Jugendliche sehr schnell auf Verbote und Grenzen. Hier liegt die Ursache für mögliche Überreaktionen und problematische Verhaltensweisen. Positiv ist aber zu bemerken, daß sowohl die Unfallziffern als auch die Todesraten in den letzten Jahren bereits zurückgegangen sind.

Tips zum Weiterlesen:

- David Elkind: Total verwirrt. Teenager in der Krise (Kabel, 1990).
- Cynthia Voigt: Freunde und Freunde (Sauerländer, 1990) ab 14 Jahre.
- Erling Pederson: Das Leben ist ein Spiel. (Dressler, 1989) ab 15 Jahre.

Auffälligkeiten: Streßfolgen

Wir behaupten: Alle die geschilderten Schwierigkeiten und Unregelmäßigkeiten in der Entwicklung von Kindern und Jugendlichen sind Folge einer Überlastung. Das Gleichgewicht zwischen Entwicklungs- und Umweltanforderungen einerseits und den Fähigkeiten und Kräften des Kindes andererseits ist nicht mehr gegeben. Wenn dieser Spannungszustand von Dauer ist, zeigt sich anhand von Symptomen, d.h. Krankheitsanzeichen oder Verhaltensauffälligkeiten, daß das Kind seine Situation nicht bewältigen kann, seine Kräfte verbraucht hat. Auf Dauer können sich hieraus auch dauerhafte Schäden entwickeln.

Gewöhnlich sind die Schwierigkeiten und Auffälligkeiten eines Kindes nicht auf ein einzelnes Problem zurückzuführen, sondern es sind mehrere Bereiche des Lebens, die ihm »zuviel« sind. Daher wollen wir im Folgenden einige dieser Lebensbereiche ansprechen, die für Kinder wichtig sind, und wo sich Belastungen ergeben können.

Wo treten Belastungen auf, und was können Eltern dagegen tun?

Wir haben es bereits kurz angesprochen: Die Welt, in der wir leben, hat sich verändert – sowohl für Kinder als auch für uns Erwachsene. Wenn wir das Leben, das wir führen, mit dem unserer Eltern und Großeltern vergleichen, können wir oft feststellen, daß wir über ein sehr großes Maß an Unabhängigkeit, Komfort, Bequemlichkeit verfügen. Die meisten Erwachsenen haben mehr Entscheidungsmöglichkeiten: So ist es bei weitem nicht mehr so ungewöhnlich, in gewissen Abständen den Arbeitsplatz, ja sogar den Beruf zu wechseln. Die Entscheidung für einen Partner oder eine Partnerin kann heute eher revidiert werden, auch weil dies gesellschaftlich nicht mehr so geächtet wird. Und auch im Konsum- und Freizeitbereich stehen uns sehr viele Möglichkeiten offen.

Dies hat mit dem sogenannten Trend zur »Individualisierung« zu tun. Damit ist gemeint, daß wir nicht mehr in so starkem Maße in feste, vorgegebene Strukturen und gesellschaftliche Regeln eingebunden sind, Traditionen und moralische Werte nicht mehr so verbindlich sind wie früher. Und somit ergibt sich für das Leben von Kindern und Jugendlichen ebenso wie das von Erwachsenen eine eigentümliche Spannung: Einerseits sind die Freiräume und Freiheitsgrade für die Gestaltung der eigenen individuellen Lebensweise sehr hoch. Andererseits werden diese Möglichkeiten erkauft durch die Lockerung von sozialen und kulturellen Bindungen. Der Weg in die moderne Gesellschaft ist so gesehen auch ein Weg in eine zunehmende soziale und kulturelle Ungewißheit, in moralische und wertemäßige Widersprüchlichkeit und in eine erhebliche Zukunftsunsicherheit. Deswegen bringen die heutigen Lebensbedingungen auch so viele neue Formen von Belastung mit sich, Risiken des Leidens, des Unbehagens und der Unruhe, die teilweise die Bewältigungsmöglichkeiten von Kindern und Jugendlichen überfordern.

Der Trend zur Vereinzelung, zur Individualisierung hat also auch seinen Preis: So fallen z.B. die verschiedenen Entscheidungen nicht vom Himmel, sondern sind das Ergebnis eines jeweils recht langen Prozesses des Nachdenkens, Grübelns und Zweifelns. Und gerade diese Unsicherheit ist nicht nur für Erwachsene, sondern vor allem für die Kinder und Jugendlichen eine nicht zu unterschätzende Belastung, z.B. in ihrem nächsten Umfeld, in der Familie. Solche Unsicherheiten gehören zu den dauerhaften Belastungen, die zu Streßreaktionen und dadurch zu gesundheitlichen Beeinträchtigungen führen können, wie wir es im ersten Kapitel erläuterten.

In diesem Buch gehen wir auf drei Felder ein, in denen Belastungen für Kinder und Jugendliche bestehen: in der Familie, in der Schule und im Freizeit-, Wohn- und Umweltbereich. Es ist uns dabei wichtig, auch die gesellschaftlichen Veränderungen in diesen Feldern anzusprechen, weil so der Unterschied deutlich wird zwischen den Bedingungen, in denen die heutige Kindergeneration aufwächst im Vergleich zu früheren Generationen. Bei den einzelnen Themen haben wir immer wieder versucht, Möglichkeiten aufzuzeigen, wie die Belastungen für Kinder und Jugendliche gemildert werden können, welche Fähigkeiten sie brauchen, um konstruktiv damit umgehen zu können und wie man den Kindern und Jugendlichen dabei helfen kann, diese Fähigkeiten zu entwickeln.

In der *Familie* werden die Veränderungen besonders deutlich: Das Bild der »normalen« Familie, die aus Vater, Mutter und zwei Kindern besteht, entspricht nicht mehr der Realität. Immer mehr Kinder und Jugendliche leben mit nur einem Elternteil zusammen, und immer mehr Kinder wachsen ohne Geschwister auf. Auch war es früher weit verbreitet, daß die Mutter viele Jahre nicht berufstätig war und sich ausschließlich ihrer Rolle als Hausfrau und Mutter gewidmet hat. Auch dies hat sich in den letzten Jahren geändert. Diese Änderungen in den Familien stellen grundsätzlich eine Belastung dar, auch weil der heutigen Elterngeneration Modelle und Vorbilder fehlen, wie Elternschaft und Berufstätigkeit gut zu vereinbaren sind, ohne daß die Beteiligten darunter leiden. Parallel dazu sind die Ansprüche, die Eltern an sich selbst stellen, immer weiter gestiegen. Daneben sind viele Kinder und Jugendliche noch weiteren Streßfaktoren ausgesetzt: erschreckend viele Kinder und Jugendliche werden geschlagen, sexuell ausgebeutet oder überfordert.

Gerade die Überforderung spielt auch in der *Schule* eine große Rolle. Die angespannte Situation auf dem Arbeitsmarkt wirkt sich deutlich auf die Ansprüche aus, die im schulischen Bereich an die

Kinder und Jugendlichen gestellt werden. Gerade bei den Übergängen im schulischen Verlauf, also bei der Einschulung, dem Übertritt in die weiterführenden Schulen und vor dem Mittelstufenabschluß, verschärfen sich die Erwartungen so, daß es zu Auffälligkeiten kommen kann.

Die *Freizeit*, die bei der schulischen Anspannung eigentlich Entlastung bringen sollte, bietet auch einige Gefahren, vor allem die Überreizung durch Medien und Konsumzwang. Ferner stellt sich bei genauer Betrachtung heraus, daß Kinder und Jugendliche oft zuwenig Zeit für ungeplante und unbeaufsichtigte Freizeit haben und Gleichaltrige als Freizeitpartner bei weitem nicht mehr so leicht erreichbar sind wie früher. Dies hängt deutlich mit der *Wohnsituation* zusammen, die Kindern und Jugendlichen wenig Raum gibt – sowohl innerhalb wie außerhalb der Wohnung. Besonders im Freien werden auch die Belastungen deutlich, die durch die Verschmutzung der *Umwelt* entstanden sind.

Im folgenden werden wir auf die Bereiche Familie, Schule und Freizeit genauer eingehen und Ihnen als Eltern bei den einzelnen Themen auch Tips und Anregungen geben, wie Sie Ihre Kinder bei der Bewältigung dieser Belastungen unterstützen können.

Das Familienleben ist komplizierter geworden

Heute gibt es viele Familienformen: Eine unverheiratete Frau lebt allein mit ihren Kindern. Eine geschiedene Frau lebt allein mit ihren Kindern. Ein geschiedener Mann lebt allein mit seinen Kindern. Ein unverheirateter Mann und eine unverheiratete Frau leben zusammen mit eigenen Kindern. Ein unverheirateter Mann und eine unverheiratete Frau leben zusammen mit eigenen und aus früherer Partnerschaft stammenden Kindern. Eine Frau und ein Mann sind verheiratet und leben mit ihren eigenen Kindern. Eine Frau und ein Mann sind verheiratet und leben zusammen mit adoptierten Kindern. Eine geschiedene Frau und ein Mann sind verheiratet und leben zusammen mit eigenen und mitgebrachten Kindern ...

Diese neue Vielfalt in Familienbeziehungen ist Ausdruck eines Strukturwandels. Manche sprechen auch von einem »Zerfall« der Familie, und meinen damit die relativ stabile Kleinfamilie aus Vater, Mutter und zwei bis drei Kindern, aber auch die Großfamilie. Der Begriff »Zerfall« ist wohl etwas übertrieben, meint jedoch, daß sich bisherige Muster des Zusammenlebens verändern, bzw. auflösen: Die Beziehung zwischen Eltern und Kindern findet nicht mehr in einem festen, vorgegebenen Rahmen (Klein- oder Großfamilie) statt, sondern wir haben es mit vielen unterschiedlichen Familienformen zu tun. Deswegen sprechen wir auch eher von einem »Strukturwandel« der Institution Familie und nicht vom Zerfall. Deutlich wird dies bei den folgenden Zahlen:

● Die Anzahl der Eheschließungen hat sich seit 1950 fast halbiert.
● Die Scheidungziffern sind im gleichen Zeitraum deutlich angewachsen: 1950 wurden etwa 10% der Ehen geschieden, 1990 sind es etwa 30%.

- Fast 20% aller Kinder leben mit nur einem Elternteil zusammen.
- In immer mehr Familien sind beide Elternteile berufstätig. Fast die Hälfte aller Mütter mit Kindern unter 15 Jahren geht auch außerhalb des Hauses einer Beschäftigung nach.
- In kaum einem anderen Land werden so wenig Kinder geboren wie in der Bundesrepublik. Nur in jedem zweiten Haushalt leben überhaupt noch Kinder.
- Die Familien werden immer kleiner: Mehr als die Hälfte aller Kinder wächst ohne Geschwister auf.

Durch diese Veränderungen, die sich in Zahlen zwar ausdrücken lassen, sich jedoch vor allem im Leben und Aufwachsen von Kindern und Jugendlichen zeigen, entstehen auch Belastungen und Unsicherheiten, mit denen die Kinder lernen müssen umzugehen. Will unsere Gesellschaft ermöglichen, daß sich Kinder und Jugendliche angemessen entwickeln können, dann muß sie sicherstellen, daß

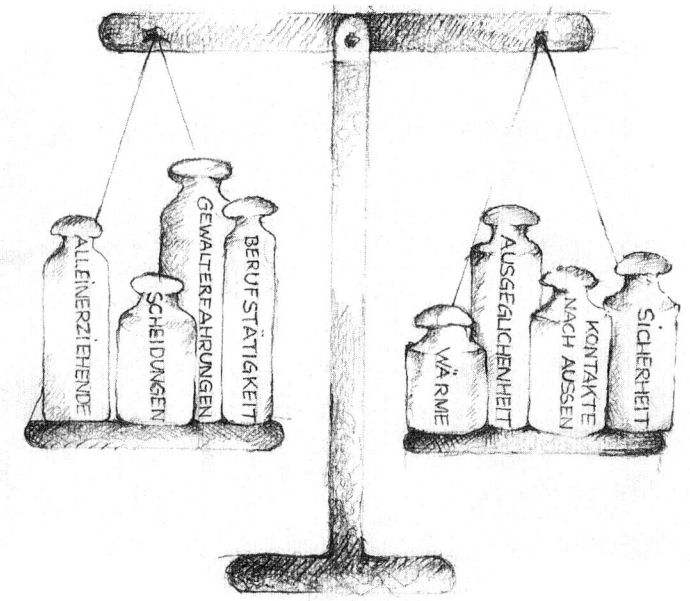

Die »Familienbalance«: Es ist schwer, Anforderungen und Bedürfnisse im Gleichgewicht zu halten.

die Grundbedürfnisse der kindlichen Entwicklung erfüllt werden. Wesentlich dafür ist, daß Kinder und Jugendliche zuverlässige, stabile und berechenbare Beziehungen zu anderen Menschen haben, die sie in ihrer Entwicklung unterstützen. Wie solche Beziehungen aufgebaut und abgesichert werden, das ist in jeder historischen Phase neu zu definieren. Es gibt kein bestimmtes Familienmodell, daß einzig und allein und für alle Zeiten eine gesunde Entwicklung von Kindern sicherstellen kann.

Wenn Eltern sich trennen ...

... ist das für die Kinder schlimm. Aber machen wir uns nichts vor: Mit einem zerstrittenen Ehepaar zusammen zu leben, ist auch schlimm. Stellen Sie sich doch einmal vor, Sie fahren mit einem befreundeten Paar für sechs Wochen in Urlaub. Nur Sie und das Paar. Und zwischen den beiden Partner ist Krach – lautstark oder »unterm Teppich« oder »kalter Krieg«. Schauerlich, nicht wahr? Und stellen Sie sich dann noch vor, Sie würden da noch mit hineingezogen ... Dies ist für viele Kinder und Jugendliche jahrelang Realität. Hinzu kommt, daß sehr viele Kinder, vor allem wenn sie klein sind, davon überzeugt sind, daß sie daran schuld seien. Dies ist ganz besonders der Fall, wenn die Streiterei sich um das Kind dreht, z.B. bei Annas Eltern:

Anna ist acht Jahre alt, und die Eltern haben seit zwei Jahren heftige Schwierigkeiten miteinander. Vor und während dieser Krise haben sie sich gegenseitig sehr gekränkt und seelisch verletzt – wie das bei Auseinandersetzungen so passiert. Aber: sie haben diese Wunden und Schmerzen, den Haß und die Wut tief in sich eingegraben – in der Hoffnung, nicht mehr so verletzlich zu sein. Und wenn sie sich jetzt stritten (denn die Wut ist ja trotzdem noch da), taten sie dies nicht mehr als Mann und Frau, sondern als Vater und Mutter: über Anna. Und so warfen sie einander an den Kopf, kein guter Vater oder keine gute Mutter zu sein, und meinten eigentlich: »Du bist kein guter Partner«.

So ähnlich ging das weiter, als Annas Eltern sich trennten: es entwickelte sich ein erbitterter Kampf darum, bei wem Anna leben sollte. Auf der einen Ebene war es wirklich so, daß beide sich ein Leben ohne ihr Kind nicht vorstellen konnten, weil sie Anna sehr liebten. Auf der anderen Ebene jedoch war es noch ein »gute« Gelegenheit, miteinander abzurechnen und sich gegenseitig als egoistisch, herrschsüchtig, lieblos usw. zu bezeichnen.

Für immer mehr Kinder und Jugendliche ist es Realität, die Trennung der Eltern mitzuerleben, und erschreckend viele werden dabei wie Anna zwischen den Eltern zerrieben. Aber warum gibt es heute viel mehr Trennungen in Partnerschaften als früher? Hier kommen verschiedene Dinge zusammen. Zum einen hat sich im Laufe vieler Jahre (seit dem Beginn der Industrialisierung) die Bedeutung der familiären Beziehungen überhaupt gewandelt. Es haben sich auch die Ansprüche und Vorstellungen an das eigene Leben verändert, und so sind auch unsere Ansprüche an die Partnerschaft andere geworden. Wenn Sie heute alte Menschen fragen, ob ihre Ehe glücklich (gewesen) sei, können Sie manchmal noch hören:

»Er war ein guter Mann, hat mich nicht geschlagen, und das Geld hat er auch nicht versoffen wie viele andere. Und gut war er auch zu den Kindern.«
»Sie war immer folgsam und brav, eine gute Hausfrau und hat mir vier gesunde Kinder geschenkt.«

Aber welches Paar ist heute damit zufrieden? Die Ansprüche sind gestiegen, was auch immer ein Paar als erfüllte, glückliche Partnerschaft versteht. Jedoch haben nur die wenigsten von uns gelernt, wie diese Wünsche verwirklicht werden sollen, und sind dann sehr enttäuscht, resigniert, frustriert. Dies hängt auch mit der bereits angesprochenen Individualisierung zusammen: Die Menschen sind heute weniger in vorgegebenen Strukturen zuhause, wie z.B. dem größeren Familienverband, dem Dorf oder Stadtteil – alles Bereiche, die Geborgenheit und das Gefühl der Zusammengehörigkeit, lebendige Anregungen, soziale Kontakte und mehr gewährleisteten. Statt dessen werden alle diese Leistungen innerhalb der Partnerschaft gefordert, die dies jedoch gewöhnlich nicht leisten kann.

Alle Industriegesellschaften müssen sich darauf einstellen, daß die Bindungen zwischen Männern und Frauen nicht unbedingt lebenslang dauern. Trennung und Scheidung von Partnern mit Kindern wird es in der Zukunft noch verstärkt geben – es wird noch mehr zu einem normalen Muster in Familienbeziehungen gehören. Für die Kinder von getrennt lebenden oder geschiedenen Eltern ist das jedoch schwierig. Sie können es oft nicht nachvollziehen, warum die Eltern auseinandergehen, und auch die Konsequenzen können sie nur selten realistisch einschätzen. Häufig werden die Kinder von ihren Eltern auch nicht rechtzeitig und im angemessenen Umfang darüber informiert, daß die Eltern sich trennen, und wie das Leben danach etwa aussehen könnte. Somit wird den Kindern eine wichtige Möglichkeit genommen, sich auf die Trennung von einem Elternteil und die damit verbundenen Veränderungen in ihrem Leben vorzubereiten.

Kommt es zu einer Trennung der Eltern, müssen viele Beziehungen und Bindungen neu geordnet werden: Während die Beziehung zu dem getrennt lebenden Elternteil oft ganz erlischt, wird die zu dem verbleibenden Elternteil immer intensiver. Oft ist aber auch noch ein Wohnungswechsel notwendig, sodaß sich auch die Kontakte zu Freunden und zur Nachbarschaft verändern. Der weiterhin erziehende Elternteil ist in den meisten Fällen (80%) die Mutter. Auch für sie sind die Probleme nicht mit der Trennung gelöst. Sie muß innerlich die Trennung, die Schmerzen, die Verletzungen und den Verlust verarbeiten, muß sich damit auseinandersetzen, wieder »allein« zu leben, muß sich unter Umständen einen neuen Bekannten- und Freundeskreis aufbauen. Meistens kommt sie jedoch auch organisatorisch und finanziell in arge Bedrängnis. Die Mutter kann gezwungen sein, eine Berufstätigkeit neu oder wiederaufzunehmen und muß es irgendwie organisieren, daß die Kinder in dieser Zeit beaufsichtigt sind.

Über die Schwierigkeiten, die Kleinfamilien, vor allem Ein-Eltern-Familien, für die Kinder mit sich bringen, liegen aktuelle Untersuchungen vor. Im Durchschnitt sind die finanziellen und sozialen Bedingungen für Alleinerziehende sehr viel ungünstiger als für andere. Zwar schaffen es einige der Eltern, die Doppelbelastung als Alleinerzieher und Alleinverdiener so zu bewältigen, daß die Kinder nicht darunter leiden. Normalerweise ist der soziale, organisatorische und finanzielle Balanceakt aber schwer zu bewältigen. Die Familien an sich sind anfälliger und verletzlicher, und zugleich stehen ihnen weniger hilfreiche Beziehungen von außerhalb zur Verfügung als anderen Familien.

Was kann man tun, um Kindern eine Trennung zu erleichtern?

Wenn die Eltern sich trennen, ist das für die Kinder ein massiver Einschnitt in ihrem Leben und eine große Belastung – und auch die Zeit vorher und nachher. Untersuchungen zeigen aber, daß die Kinder dieses Erlebnis auch gut verarbeiten können, und nicht automatisch verhaltensauffällig oder krank werden müssen. Jedoch brauchen die Kinder dabei Hilfe:

> Wichtig ist es, mit den Kindern schon vorher über die bevorstehende Trennung zu sprechen, damit auch sie sich darauf einstellen können.

Wenn ein Elternteil plötzlich verschwindet, kann das ein sehr großer Schock für die Kinder sein, sodaß sie fürchten, auch der andere kann jederzeit von einem Moment auf den anderen weg sein. Und das ist wirklich eine bedrohliche Vorstellung. In den Gesprächen mit den Kindern ist es ein schwieriger Balance-Akt, ihnen auf der einen Seite einiges zu erklären, damit sie vor allen Dingen begreifen, daß nicht sie an der Trennung schuld sind, auf der anderen Seite aber auch keine »schmutzige Wäsche« vor den Kindern zu waschen.

Wie gut Kinder die Trennung der Eltern verarbeiten, hängt in ganz entscheidendem Maße davon ab, wie gut die Eltern miteinander kooperieren und zusammenarbeiten. Denn:

> Als Paar kann man sich trennen, die gemeinsame Elternschaft jedoch läßt sich nicht auflösen.

Das ist auch für die Eltern kompliziert, weil es bedeutet, die Konflikte als (Ehe-)Partner von der Verantwortung als Eltern zu trennen: »Von diesem Menschen möchte ich als Partner nichts mehr wissen, das ist endgültig vorbei – aber als Eltern unserer Kinder müssen wir zusammenarbeiten.« Das ist oft, vor allem zu Beginn, sehr schwierig. Wenn es jedoch gelingt, kann das für das Kind bedeuten: »Ich lebe zwar nur noch mit Papa/ Mama zusammen, aber sehen kann ich die/den anderen so oft ich will. Ich darf beide lieben, ohne jemanden zu verraten! Und wenn ich Hilfe und Unterstützung brauche, helfen mir beide zusammen!« So läßt sich eine Trennung gut überstehen.

Tips zum Weiterlesen:

- Tilmann Moser: Familienkrieg (Suhrkamp, 1985).
- Barbara Wilde: Eine Familie bleiben. Das gemeinsame Sorgerecht – ein neuer Weg bei Ehescheidungen (Mosaik, 1989).
- Helga Felbinger: Und den Alltag schaff ich auch. Ein Ratgeber für allein erziehende Mütter (Kreuz Verlag, 1989).
- Paula Fox: Der Schattentänzer (Benziger, 1987) ab 13 Jahre.
- Wolfgang Schiffer: Das Meer kennt keine Stille (Arena 1988) ab 14 Jahre.
- Nele Maar, Verena Ballhaus: Papa wohnt jetzt in der Heinrichstraße (Modus vivendi, 1988) ab 6 Jahre.

Wenn Mütter und Väter arbeiten

»Kürzlich wurde mir doch tatsächlich der Vorwurf gemacht, ich wäre eine Rabenmutter. Also, so direkt doch nicht, aber daß ich meine Kinder vernachlässigen würde, bloß um meiner Selbstverwirklichung nachzugehen. Also, das trifft mich schon, denn irgendwo sitzt ja schon eine Spur schlechten Gewissens. Obwohl es überhaupt nicht gerechtfertigt ist. Fünf Jahre war ich wegen der Kinder zuhause. Anfangs hatte ich mich darauf auch riesig gefreut. Kein Ärger mehr mit Chefs und Kollegen, kein Zeit- und Termindruck mehr, mein eigener Chef sein, mir die Zeit selbst einteilen und mehr nach meinem eigenen Rhythmus leben und arbeiten...

Diesen Rhythmus haben aber dann die Kinder bestimmt, und die haben auch meine Zeit eingeteilt. Ja, und was den Ärger mit Chefs und Kollegen anbelangt – der hat mir dann eher gefehlt. Also nicht der Streit an sich, aber Auseinandersetzungen, Reibungen, Gespräche. Ich war ja praktisch den ganzen Tag nur mit den Kindern zusammen, und wenn ich mit Erwachsenen zu tun hatte, dann waren das gewöhnlich Mütter – und alles drehte sich wieder um die Kinder. Fünf Jahre lang! Ich wurde immer unzufriedener, nörgeliger, war ungeduldig mit den Kindern. Als ich dann eher zufällig von einer interessanten Stelle hörte, klemmte ich mich sofort dahinter. Die Kinder gehen jetzt den ganzen Tag in den Kindergarten – das war ein Riesenglück, daß da gerade zwei Plätze frei wurden. Und sie gehen auch gerne. Und was auch ganz neu ist: seit die Kinder nicht mehr mein alleiniger Lebensinhalt sind, sehe ich sie auch ganz anders. Jeden Tag nach der Arbeit freue ich mich, meine Kinder zu sehen.«

Die Berufstätigkeit gehört in unserem Kulturkreis immer mehr zur Selbstentfaltung – und in steigendem Maße auch zu der von Frauen. Und so wird auch in Zukunft die Erwerbstätigkeit von beiden Elternteilen weiter steigen – und wahrscheinlich in einem ähnlichen Maße wie bereits in den letzten zwanzig Jahren. Einen wesentlichen Grund dafür müssen wir darin sehen, daß immer mehr Mädchen immer qualifiziertere Ausbildungen machen, sodaß sich deren Einstellung zur Berufstätigkeit auch verändert. Früher galt die Erwerbstätigkeit eher als Übergang bis zur Eheschließung, während es heute ein fester Bestandteil der eigenen Lebensplanung ist. Es ist Frauen heute wichtiger, wirtschaftlich und sozial – wie die Männer – auf eigenen Füßen zu stehen. Und das läßt sich in unserer Gesellschaft gewöhnlich nur über regelmäßige und qualifizierte Arbeit garantieren. Außerdem bringt die Erwerbstätigkeit ein höheres Maß an gesellschaftlicher Anerkennung, während Familienarbeit immer noch nicht entsprechend gewertet wird.

Ein wichtiger Faktor kommt da noch hinzu: Die Familienarbeit ist keine ein für allemal gewählte Aufgabe, die lebenslang ausgeübt wird. In den üblicherweise kleinen Familien mit ein oder zwei Kindern ist die eigentliche »Erziehungsphase« in der Familie immer kürzer geworden: Rein statistisch gesehen liegt diese Phase zwi-

schen dem 29. und 47. Lebensjahr der Mütter, also von der Geburt des ersten Kindes bis etwa zum 18. Geburtstag des zweiten Kindes. Im Hinblick auf die Lebensspanne der Frauen ist das also ein recht begrenzter Zeitraum. Und dafür die Erwerbstätigkeit mit all der damit verbundenen finanziellen Absicherung und Unabhängigkeit aufgeben? Dieses Risiko wollen immer weniger Frauen eingehen. Frauen stellen also heute ähnliche Überlegungen an wie Männer. Bei Männern treten jedoch oft nicht einmal Zweifel auf, ob ihre Entscheidung zugunsten der Berufstätigkeit mit den Interessen der Familie vereinbar ist.

Mehr als die Hälfte der erwerbstätigen Mütter arbeiten, weil es für die finanzielle Absicherung des Lebensstandards der Familie nötig ist. Die erwerbstätigen Mütter aus kinderreichen Familien – so eine Untersuchung der Universität Bielefeld – können ihre Berufstätigkeit aufgrund der Existenzsicherung nicht aufgeben, Lebensstandard hin oder her. Wie besonders schwierig die finanzielle Situation der kinderreichen Familien ist, wurde bei einer anderen Studie deutlich: Setzt man die »Armutsgrenze« so fest, daß sie den finanziellen Leistungen der Sozialhilfe entspricht, leben 27% (!!!) der Familien mit drei und mehr Kindern unter der Armutsgrenze. Bei diesen Familien liegt also das Haushaltsnettoeinkommen unter dem der Sozialhilfesätze. Der Anteil dieser Familien hat sich seit 1981 deutlich vergrößert – das ist auch ein Hinweis darauf, daß sich die wirtschaftliche Situation der kinderreichen Familien in den 80er Jahren weiter verschlechtert hat. Auch steuer- und versicherungsrechtlich werden Familien spürbar benachteiligt.

Auch bei den Ein-Eltern-Familien leben mehr als ein Viertel unter der Armutsgrenze. Häufig liegt es an unregelmäßigen oder völlig fehlenden Unterhaltszahlungen. Nur 53% aller Ledigen und 42% aller Geschiedenen können mit regelmäßigen Unterhaltszahlungen für ihre Kinder rechnen. Alleinerziehende sind auch häufiger auf Teilzeitarbeitsplätze angewiesen, wofür sie oft eine niedrigere Position oder Gehaltsgruppe in Kauf nehmen müssen.

Wie kann man Berufstätigkeit und Elternschaft verbinden?

»Wohin mit den Kindern?« ist meistens das zentrale Problem. Es hat sich immer wieder bestätigt, daß Kinder nicht unbedingt von der Mutter den ganzen Tag betreut werden müssen. Wichtig ist eine ruhige und gleichmäßige Strukturierung des Tages und der Woche.

> Versuchen Sie, eine möglichst langfristige und regelmäßige Betreuung der Kinder zu organisieren.

Das Kind kann sich dann dort, z.B. bei Tageseltern oder im Hort, integrieren und dazugehören. Es kann dort sichere und zuverlässige Beziehungen aufbauen, und wird nicht hin- und hergeschoben. Aber es ist nicht einfach, dies zu organisieren: Die Zahl der vorhandenen Tagesplätze in Krippen, Kindergärten und Horten ist lächerlich gering im Verhältnis zum Bedarf. Die häufigsten Alternativen dazu sind von Eltern selbst organisierte Krabbelgruppen bzw. Kinderläden, Tageseltern oder die Großeltern. Aber die Großmütter von heute sind auch nicht mehr das, was sie einmal waren: Nicht wenige sind selbst berufstätig oder genießen ihren Ruhestand in Form von Reisen oder intensiven Hobbys. Oft wohnen sie auch nicht am Ort – denn die junge Generation ist ja flexibler geworden und bereits ein paar Male umgezogen. Aber oft genug spielen die Großeltern noch »Feuerwehr« und springen ein, wenn es brennt.

Selbstorganisierte Kindergruppen sind oft sehr zeitaufwendig für die berufstätigen Eltern. Neben häufigen Versammlungen, um Organisatorisches oder die pädagogische Richtung zu besprechen, kommen meist noch Kochen und Putzen hinzu, was die Eltern abwechselnd übernehmen, um die Kosten nicht noch mehr in die Höhe zu treiben. Denn relativ teuer sind diese Gruppen auf alle Fälle. Eine weitere private, aber auch teure Alternative sind Tagesmütter bzw. Tagesväter. Hierfür entscheiden sich vor allem diejenigen Eltern, die unsicher sind, ob ihre Kinder in einer größeren Kindergruppe schon zurechtkommen würden. Andere Eltern wiederum zögern, da sie sich zu sehr von einer einzigen Person abhängig sehen: Was wenn die Tagesmutter krank wird, oder wenn sie aus anderen Gründen abspringt?

Solange sich hier politisch nichts verändert, indem ausreichend Kinderbetreuungsplätze zur Verfügung gestellt werden, sind viele Eltern weiterhin auf private Lösungen angewiesen. Wichtig:

> Melden Sie Ihr Kind ruhig sehr früh schon in einer Tagesstätte an. Die Wartezeiten belaufen sich manchmal auf zwei bis drei Jahre. Sollten Sie dann den Wunsch haben, berufstätig zu sein, hat Ihr Kind bereits einen Platz.

Das Jugendamt übernimmt einen Teil der Kosten (auch bei privaten Lösungen), wenn das Einkommen der Eltern unter einer bestimmten Grenze liegt.

Tips zum Weiterlesen

- Rieke Müller-Kaldenberg: Mütter mit Beruf. Balance zwischen Kindern, Partnern und Kollegen (Rowohlt).
- Frank Preuss: Der Geldberater für Eltern. Kindergeld und Stipendien, Steuertips und Sparmöglichkeiten, Versicherungen und Zuschüsse (Rowohlt).
- T. Berry Brazelton: Und was ist mit den Kindern? Beruf und Kinder (Piper, 1989).
- Kirsten Boie: Mit Jacob wurde alles anders (Oetinger, 1986) ab 10 Jahre.
- Kirsten Boie: Mit Kindern redet ja keiner (Oetinger, 1989) ab 8 Jahre.

Gibt es perfekte Eltern?

Die Berufstätigkeit von Frauen hat also nicht nur etwas mit einem kurzfristigen »Dazuverdienen« zu tun, sondern liegt an einer anderen Einstellung zum Beruf. Es hat sich auch herausgestellt, daß berufstätige Frauen nicht weniger familienorientiert sind als Frauen, die nicht erwerbstätig sind. Im Gegenteil: Berufstätige Frauen stellen oft noch viele höhere Ansprüche an ihre Mutterrolle. Damit sind aber auch erhebliche Belastungen und Anspannungen verbunden. Über die Anforderungen, die heute an Frauen und besonders an Mütter gestellt werden, schreiben zwei Mitarbeiterinnen an einer Erziehungsberatungsstelle:

»Eine Frau muß heute attraktiv und selbstbewußt, eigenständig und aktiv sein. Trotz dieser Qualitäten vermeidet sie es selbstverständlich, eine dieser unangenehmen Emanzen zu werden. Als Mutter bewältigt sie souverän, mit großem Organisationstalent, uner-

schöpflichen Energiereserven und einer geschlechtsspezifischen Methode, die wir nur als ›das weibliche Irgendwie‹ bezeichnen können, eine breite Palette anspruchsvoller Aufgaben (...)

Die heutige Ehefrau und Mutter ist weder ein Putzteufel noch ein Heimchen am Herd. Sie ist einfühlsam, sensibel und spricht in ihrer Familie die Gefühle an, die Männer und Kinder nicht ausdrücken kann. Gehört sie zu den gehobenen Kreisen, liest sie Bücher, in denen ihr die Rettung der psychisch verarmten Männer anvertraut wird, von der Erziehung einer neuen, endlich ungeschädigten Generation ganz zu schweigen. Gehört sie zu den unteren Sozialschichten, läßt sie sich von den erfahreneren Frauen darüber belehren, daß man die Männer am besten mit Vielem in Ruhe läßt, wenn man es mit ihnen aushalten will und sie gezielt aus Vielem heraushält, wenn man will, daß was funktioniert.

Als Mutter ist »frau« die Organisatorin ihrer Kinder. Sie gleicht eine gefährliche Umwelt voller Autos, den nicht vorhandenen Garten, mangelnde Spielmöglichkeiten in der Nachbarschaft, zu kleine Wohnungen, zu dünne Wände und zu wenig Kontakt zu anderen Kindern aus, indem sie ihr Kind oder ihre Kinder zu den verschiedensten pädagogischen Angeboten kutschiert, oder – wenn ihr kein Auto zur Verfügung steht – sie zu Fuß oder mit öffentlichen Verkehrsmitteln dort hinbringt. Wiederum unterschiedlich nach sozialer Schicht, dem Grad der Aufklärung und dem Angebot vor Ort sorgt die Mutter für das pädagogische Angebot zu Hause. Sie informiert sich über pädagogisch wertvolles Spiel- und Fördermaterial, kauft ungiftige Farbstifte, Holzspielzeug ohne Formaldehyd und besorgt das Lernspiel, mit den sich Papa und Kind am Feierabend beschäftigen können«*.

Aber auch an Väter werden heute mehr und andere Ansprüche gestellt. Während sich ein Mann vor 30 Jahren schon als Mustervater erweisen konnte, wenn er den Kinderwagen schob oder mal mit den Kindern spielte, fordern die Partnerinnen heute oft entschieden

---

* Helga Rühling, Angelika Nehlsen (1990): Thesen zur Müttergruppenarbeit. In: Jugendamt der Stadt Bielefeld (Hg.): Ambulante Dienste und Familie. Bielefeld, 43-47.

mehr Engagement. Und manche Männer wollen eigentlich auch aktivere Väter sein, stehen dem jedoch auch zwiespältig gegenüber. Eine intensive Beziehung zu dem Kind aufbauen und genießen – ja. Aber auch wirklich die Verantwortung übernehmen und eventuell Einbußen in der Karriere hinnehmen? Das doch lieber nicht.

Das »Erziehungsgeschäft« ist auch sehr kompliziert geworden. Ständig hört man etwas von frühen Schädigungen oder Traumata. Streng darf man nicht sein und zu locker darf man's auch nicht sehen. Von dem Drogensüchtigen aus der Zeitung »X« weiß man, daß er alles durfte, von der jungen Fixerin in der Zeitschrift »Y«, daß ihr zuhause nichts erlaubt wurde. Über alles und jedes muß jeder Vater und jede Mutter Bescheid wissen, jede Handlung und jede Reaktion unter Kontrolle haben, damit beim Dirigieren der kindlichen Entwicklung ja keine Mißklänge entstehen.

Diese Pädagogisierung, die Verwissenschaftlichung der Kindheit, ist ein relativ neues Phänomen: In der vorindustriellen Gesellschaft war man der Ansicht, die Entwicklung des Kindes liege in Gottes Hand, und überließ es mehr oder minder sich selbst. Heute jedoch werden Eltern von einer ungeheuren Flut von Informationen nahezu erschlagen, denn: Ratschläge sind auch Schläge. Zugleich ist es aber auch schwer, sich hier zu verweigern. Zum einen, weil die meisten jungen Erwachsenen heute recht unerfahren sind im Umgang mit Kindern – schließlich gibt es in unserer Gesellschaft relativ wenige. Und zum anderen wird diesen unsicheren Eltern suggeriert, daß das Kind schon im Mutterleib ständig Lernanforderungen und richtig dosierte Zuwendung braucht, um sich auch nur halbwegs gesund zu entwickeln.

> Wichtig ist, sich selbst treu zu bleiben und eine eigene, unverwechselbare persönliche Note in den Kontakt mit dem eigenen Kind zu bringen.

> Kein Kind wird geschädigt, weil Mutter oder Vater den neuesten Erziehungsratgeber nicht beachtet haben – wohl aber, weil Mutter oder Vater die Persönlichkeit des Kindes nicht beachten.

> Im Zweifelsfall lieber aus eigener Kraft, mit eigenen Ideen und einem ganz persönlichen Stil mit dem eigenen Kind umgehen statt ängstlich auf Tips und Ratschläge der anderen zu achten. Keiner ist perfekt.

Tips zum Weiterlesen

- Lynn Caine: Was habe ich bloß falsch gemacht. Mütter und ihre Schuldgefühle (Goldmann).
- Gabriele Martens: Auch Eltern waren Kinder (Kösel 1990).

Was hat das jetzt alles mit Streß zu tun?
Was können Sie als Eltern tun?

Alide ist ein schwieriges Kind. Als erstes fällt auf, daß sie sehr unruhig ist, nie still sitzt und mit unruhig und gehetzt wirkenden Augen um sich blickt. Sie scheint alles im Blick haben zu wollen, und ist immer auf dem Sprung. Entsprechend ist auch ihr Arbeitsverhalten in der Schule und die Art und Weise, wie sie – allein oder mit anderen – spielt: unbeständig, impulsiv, aggressiv, immer am Absprung. Wenn ihr Erwachsene etwas sagen wollen, sei es eine Anregung, eine Kritik oder ein Lob, braust sie auf.

Alides Mutter weiß nicht mehr so recht weiter. Dabei bemüht sie sich wirklich, ihrer Tochter eine gute Mutter zu sein. Da sie alleinerziehend ist, aber auch möchte, daß Alide mehr Bezugspersonen hat als nur sie als Mutter, wollte sie mit ihr in einer Wohngemeinschaft leben. Jedoch hat das nicht so geklappt wie sie wollte, da sie mit den anderen Bewohnern nicht so recht klarkam. Ständig gab es Auseinandersetzungen und Streit – je älter und schwieriger Alide wurde, umso mehr wurde auch um das Kind gestritten. So hatte jeder andere Vorstellungen davon, wie Alide erzogen werden sollte, wieviel man ihr durchgehen lassen und auf welche Art man ihr Grenzen setzen sollte.

Wenn die Auseinandersetzungen zuviel wurden, zogen Alide und

68

ihre Mutter wieder um. Zwischenzeitlich lebten sie auch nur zu zweit in einer Wohnung, und wenn Alide's Mutter zum Dienst mußte – sie war als Krankenschwester Dauernachtwache, und hatte so tagsüber Zeit für die Tochter –, brachte sie das Kind nachts bei verschiedenen hilfreichen Bekannten unter. Durch die verschiedenen Umzüge innerhalb der Stadt waren früher auch zwei Kindergartenwechsel nötig gewesen, und jetzt hat die neunjährige Alide bereits den zweiten Schulwechsel hinter sich.

Der Kontakt zum Vater ist ausgesprochen unregelmäßig. Sobald sich beide Elternteile gegenüber sehen, brechen alle Wunden und Verletzungen ihrer damaligen Partnerschaft wieder auf und sie verlieren sich beide in Streitereien. Wenn es wieder einmal besonders heftig zugeht, erklärt Alide's Vater: »So mach doch deinen Krempel alleine«, und meldet sich für längere Zeit nicht mehr. Der

Kontakt zwischen Alide und ihrer Mutter ist sehr intensiv – sind doch beide füreinander »das einzige, was sie haben«. Doch diese Hypothek ist für Alide's Schultern zu schwer, und sie wehrt sich durch unvermittelte Wutausbrüche. Ihre Mutter ist oft verzweifelt und ratlos. Die großen pädagogischen Vorstellungen, die sie sich einmal gemacht hat, sind inzwischen begraben – aber nicht vergessen. Hin und wieder packt sie eine hilflose Wut und Ohnmacht und sie leidet unter dem Gefühl, restlos versagt zu haben. Dann schwört sie sich, daß jetzt alles anders wird und reißt das Ruder in eine an-

dere Richtung. Nur ist es jedesmal eine andere Richtung, sodaß Alide alle paar Wochen oder Monate wieder mit neuen Regeln, Zielen und Grenzen konfrontiert ist. Dagegen weiß sie sich jedoch inzwischen zu wehren: sie reißt sie nieder.

Alide ist ein besonders krasses Beispiel für ein Kind, das im Leben keinen sicheren Platz hat, an dem es aufgehoben und zuhause ist. So ein Chaos an Strukturen und Beziehungen erleben glücklicherweise nur wenige Kinder. Trotzdem müssen wir auch die subtileren, unterschwelligen Verunsicherungen und Irritationen ernst nehmen und beobachten. Gesellschaftliche Veränderungen, also die größere Vielfalt an Normen, Werten und Lebensstilen, die veränderten Familienstrukturen, die größere Bedeutung der Berufstätigkeit für beide Elternteile, wirken sich direkt und indirekt auf das Leben von Kindern und Jugendlichen aus. So wie vieles uns Erwachsene irritiert, verunsichert es auch die Kinder.

Solche Verunsicherungen können sich auf die unterschiedlichste Art und Weise zeigen – im Grunde ist da das ganze Spektrum an Auffälligkeiten möglich, das wir bereits beschrieben haben. Damit lang andauernde Belastungen, wie etwa generelle gesellschaftliche Veränderungen und der Strukturwandel in den Familien, nicht zu Streß und somit zu Verhaltensauffälligkeiten und Krankheiten führt, muß ein Ausgleich geschaffen werden. Eine Ebene auf der ein Ausgleich geschaffen werden kann und sollte, ist das *Familienleben* an sich, also der normale familiäre Alltag. Denn es ist ja nicht so, daß nur der einzelne Mensch Belastungen ausgesetzt ist und Fähigkeiten entwickeln muß, um mit diesen umzugehen und fertig zu werden. Auch die Familie als Ganzes ist von den gesellschaftlichen Veränderungen und Unsicherheiten betroffen. Somit muß und kann auch die Familie als Ganzes lernen, Qualitäten entwickeln und Fähigkeiten erwerben, um Belastungen vorzubeugen und mit Streßsituationen umzugehen.

Wir haben wieder eine »Checkliste« zusammengestellt, anhand derer Sie – vielleicht gemeinsam mit Ihrer Familie – überlegen können, was bei Ihnen zutrifft, und in welchen Bereichen Sie noch etwas verändern und dazulernen möchten.

	Ja	Nein
Manchmal haben wir richtigen Spaß miteinander	☐	☐
Wir sprechen viel miteinander und tauschen uns aus	☐	☐
Wir kommen eigentlich jeden Tag als ganze Familie zusammen	☐	☐
Es gibt gemeinsame Interessen, bei denen alle Spaß haben	☐	☐
Bei Schwierigkeiten fragen wir einander um Hilfe	☐	☐
Wir haben die anfallenden Arbeiten (z.B. Haushalt) ganz gut aufgeteilt	☐	☐
Jeder kann von Sorgen und Ängsten sprechen und wird damit ernst genommen	☐	☐
Bei uns darf man auch mal wütend und traurig sein und es auch zeigen	☐	☐
Bei uns wird auch mal lautstark gestritten	☐	☐
Bei Meinungsverschiedenheiten gibt es meistens ein positives Ergebnis, ohne daß immer nur derselbe zurückstecken muß	☐	☐
Eltern und Kinder sprechen gemeinsam über Strafen	☐	☐
Bei uns wird jeder nach seiner Meinung gefragt	☐	☐
Bestehende Regelungen werden bei uns immer wieder hinterfragt und auch verändert	☐	☐
Die Kinder dürfen bei uns mitbestimmen	☐	☐
Wenn etwas versprochen wird, wird es auch gehalten	☐	☐
Es ist schwer zu sagen, wer in unserer Familie bestimmt	☐	☐
Besuch kann zu uns auch mal spontan und unangemeldet kommen	☐	☐

Wie Sie sicherlich schon gemerkt haben, haben wir bei der Liste verschiedene Bereiche abgefragt. Es gibt sicherlich noch andere positive Eigenschaften in der Familie – es handelte sich sozusagen um eine Auswahl. Wichtig sind für ein gesundes Familienklima:

- Die Familie fühlt sich zusammengehörig, zugleich werden Individualität und Selbständigkeit einzelner gesehen und gefördert.
- Es darf Meinungsverschiedenheiten, Konflikte und Streit geben, und im allgemeinen werden auch Lösungen gefunden.
- Die Familie hat Kontakt nach außen und kapselt sich nicht ab.
- Man kann sich aufeinander verlassen und vertraut einander.
- Die Familie verbringt auch einen Teil der Freizeit miteinander.
- Es wird miteinander gesprochen.

Sicherlich gibt es auch bei Ihnen ein paar Punkte, bei denen Sie denken: »Oh, da fehlt's aber!« Das ist gut, denn nur wenn Sie es auch wahrnehmen, können Sie auch etwas verändern. (Und ein Geheimnis am Rande: Die »perfekte« Familie gibt es wirklich nicht...) Vielmehr ist eine Familie ständig in Veränderung, da sich ja auch die einzelnen Mitglieder der Familie ständig verändern, dazulernen und reifer werden. Und dadurch müssen sich auch Regeln und Gewohnheiten verändern, was auch zu Konflikten führen kann. Das werden Sie besonders dann gemerkt haben, wenn Sie mit Jugendlichen die Checkliste durchgesprochen haben. Sie haben oft – durch den natürlichen Ablöseprozeß – eine ganz andere Einstellung zum Thema »Familie« als ihre Eltern oder die jüngeren Geschwister. Und das ist für Eltern oft schwer zu akzeptieren.

Eine Möglichkeit, ein harmonisches Familienleben zu unterstützen, ist innerhalb des alltäglichen Familienlebens Situationen herzustellen, die den einzelnen Familienmitgliedern Verschnaufpausen verschaffen, und zugleich schöne Begegnungen ermöglichen. In einigen Familien sind dies das gemeinsame Abendessen oder eine Tee- und Kaffeepause am späten Nachmittag. Vielleicht werden Sie einwenden: »Aber das sind bei uns die hektischen Zeiten!« Jede Familie ist anders, und somit sind auch die Termine, in denen so etwas möglich wäre, unterschiedlich. Es gehört auch sicherlich Zeit, Geduld und der gemeinsame Wille dazu, den Tagesrhythmus entsprechend zu verändern.

Zum Beispiel bei Michels: Beide Erwachsenen sind berufstätig, die neunjährige Sofie ist nachmittags bei einer Tagesmutter, Andreas,

11 Jahre, in einer Art Hort. Im Laufe des späten Nachmittags kommen alle nacheinander zuhause an und gehen in die Küche, die bei Michels eine Art Treffpunkt ist. Irgendjemand (gewöhnlich aber doch die Mutter...) kocht Tee und stellt ein paar Plätzchen auf den Tisch. Dann ist für etwa eine halbe Stunde Zeit zum Klönen. Alle Arbeiten, z.B. Essen vorbereiten, sind auf später verschoben, um eine ruhige, entspannende Atmosphäre zu ermöglichen. Und auch die Fragen, wann z.B. Andreas sein Zimmer aufräumt, werden – nach Möglichkeit – auf einen anderen Zeitpunkt verschoben. Neuerdings jedoch verändert sich bei der nachmittäglichen Küchenrunde etwas: Andreas kommt jetzt manchmal nur noch, um den Kopf hereinzustecken und zu sagen, daß er gleich schon wieder dringend weg muß – seine Freunde warten draußen. Die Erwachsenen sind darüber ein wenig betrübt, während Sofie es sehr ge-

nießt, die Eltern ganz für sich zu haben. Herr und Frau Michel ha-
ben lange darüber gesprochen, ob sie Andreas erst nach der Tee-
pause erlauben sollten wegzugehen – für sie ist diese halbe Stunde
sehr wichtig. Aber dann hielten sie es für besser, es den Kindern
ganz freiwillig zu überlassen, ob sie dabei sein wollen – als reines
Angebot. Und wenn Sofie irgendwann auch mehr unterwegs wäre,
würden sie eben zu zweit Tee trinken.

Solche »Jour fix« oder andere kontinuierliche Begegnungsräume
können stabile Strukturen aufbauen, die in die Familien, in denen
es turbulent zugeht, etwas Ruhe bringt. Wichtig dabei ist aber, daß
sie nicht zu einer Gelegenheit mißbraucht werden, den Kindern
oder Partnern die längst fällige Gardinenpredigt zu halten. Während man so ein »Ritual« bei jüngeren Kindern noch relativ verbindlich halten kann, ist es bei den älteren jedoch wichtig, daß es
mehr zum Angebot wird. Es ist ganz natürlich und richtig, daß sich
Jugendliche mehr nach außen orientieren und eher mit Gleichaltrigen zusammen sein wollen, während sie sich von den Eltern in zu-
nehmendem Maße kontrolliert und eingeengt fühlen. Da ist es
wichtig, daß solche Begegnungen, die für alle wichtig und befriedi-
gend sein sollen, nicht mit Druck verbunden sind. So kann es
durchaus vorkommen, daß Jugendliche monatelang nicht erscheinen, aber sie wissen, daß hier eine Möglichkeit besteht, die sie stets
nutzen können, wenn sie ein Gespräch mit den Eltern wünschen
oder brauchen.

Als weitere wichtige Vorbeugung sehen wir an, daß die Kinder
möglichst *verläßliche Bezugspersonen und stabile Beziehungen*
zur Verfügung haben. Das heißt nun nicht, daß dies nur die Eltern
und die »normale Kleinfamilie« sein müssen. Im Gegenteil: Wenn
die Kinder auch außerhalb der Familie Unterstützung und Geborgenheit finden (z.B. bei Tageseltern oder in guten Tagesstätten),
werden sie etwas unabhängiger und weniger anfällig für »at-
mosphärische Störungen« in der Familie.

– Die 12jährige Karolin zum Beispiel geht häufig zu einer Nach-
   barin und klönt mit ihr. Dabei kann sie auch mal Themen an-

sprechen, bei denen sie Rat und Hilfe braucht, aber meint, sie mit der Mutter nicht bereden zu können.

– Jakob freut sich jedes Wochenende auf das Treffen mit seinem Onkel Bert. Der ist nämlich ein richtiger Held – was der alles kann! Jetzt hat er Jakob das Fahrradfahren beigebracht und nächste Woche gehen sie angeln und werden sicher einen Riesenfisch fangen!

– Isabell ist neun Jahre alt und jeden Tag wieder erleichtert, in die Schule – eine Ganztagsschule – zu gehen. Zuhause ist seit einigen Monaten eine giftige Atmosphäre, weil die Eltern miteinander Krach haben – und da ist es jeden Tag wieder gut, für einige Stunden weg zu sein und alles vergessen zu können.

Wir halten es für wichtig, *außerhäusliche und außerfamiliäre Erziehungsformen* weiter auszubauen. Viel spricht dafür, die sich bereits abzeichnenden Veränderungen aufzugreifen und zu unterstützen, und die Erziehung neben der Familie stärker zu beachten als bisher. Das Wissen, wie »Kinderstätten« aufgebaut werden müssen, ist vorhanden. Gute Einrichtungen mit gutem Personal konnten immer wieder beweisen, daß die dort untergebrachten Kinder in ihrer Entwicklung nicht weniger gefördert wurden als gleichaltrige Kinder, die ausschließlich in »intakten« Familien aufgewachsen sind. Als besonders günstig haben sich alle Formen erwiesen, bei denen die Eltern so weit wie möglich an der Betreuung der Kinder beteiligt waren.

In der Bundesrepublik haben wir in diesem Bereich einen gewaltigen »Modernisierungsrückstand« gegenüber vergleichbaren Ländern. Es kann nicht die Aufgabe des Staates sein, bestimmte Familienformen moralisch und wertmäßig anderen gegenüber auszuzeichnen und vorzuziehen, wie es bis heute immer noch geschieht. Aufgabe des Staates kann es auch nicht sein, die Frauen von der Berufstätigkeit fernzuhalten, weil dadurch organisatorische Probleme für die Kinderbetreuung befürchtet werden. Es werden immer noch zuwenig Plätze in Kinderkrippen und Kindergärten zur Verfügung gestellt – um die Frauen zu zwingen, zuhause zu bleiben und nicht erwerbstätig zu sein? Somit betreibt der Staat eine Politik der

Einschränkung von Grundrechten und zwingt Frauen und Männer dazu, unbefriedigende Ersatzlösungen zu wählen, die letztlich auf Kosten der Kinder gehen.

Auch unter heutigen Bedingungen ist zweifellos die Familie die geeignete gesellschaftliche Institution, die in erster Linie die Betreuung von Kindern tragen sollte. Aber die klein gewordene und krisenanfällige Familie muß sehr viel flexibler als bisher einbezogen werden in ein Netz von nachbarschaftlicher Unterstützung, Selbsthilfekontakten, Haushaltshilfen wie auch von öffentlichen Einrichtungen für Kinder.

Soweit zur politischen Ebene, auf der diesbezüglich noch viel passieren muß. Was aber können Sie als Eltern konkret tun, um einiges an Spannungen und Irritationen abzufangen?

Wichtig ist ein lebendiges, warmes und freundliches Familienklima, sodaß die Mitglieder einander wirklich begegnen können.

Ganz zentral erscheint uns, daß Kinder verschiedene, vielfältige und dauerhafte Beziehungen zu anderen Menschen haben, und zwar auch außerhalb der Familie.

Wenn in Ihrer Familie alle Erwachsenen berufstätig sind, versuchen Sie, eine möglichst langfristige und klar geregelte Betreuung für die Kinder zu organisieren, so schwierig das auch sein mag. Die häufig aus Not stattfindende »Stückelei« (ein Nachmittag hier, eine Mittagspause dort) ist auf die Dauer für die Kinder belastend.

Wenn die Kinder aufgrund von Verhaltensauffälligkeiten oder Krankheiten zeigen, daß etwas nicht stimmt, scheuen Sie sich nicht, eine Beratungsstelle oder andere Fachleute aufzusuchen. Kindererziehung ist ein schwieriges Geschäft, und oft helfen schon ein paar Gespräche, um mehr Klarheit zu bringen.

Tips zum Weiterlesen:

- Gisela Preuschoff: Von 6 bis 9. Alltag mit Schulkindern (Pahl-Rugenstein, 1989).
- Wolfgang Endres: Geschwister... sie haben sich zum Streiten gern. Ein Ratgeber für geplagte Eltern (Beltz, 1989).
- Gilbert C. Rapaille: Kinder und Eltern verstehen sich. Für eine aktive Partnerschaft zwischen Erwachsenen und Jugendlichen (mvg-Verlag, 1988).

Wann ist es notwendig, »Fachleute« hinzuziehen?

Zuerst einmal: wenn Sie nicht mehr weiter wissen. Sprechen Sie zuerst mit anderen Menschen darüber, die das Kind auch kennen, z.B. mit guten Freunden, der Lehrerin, dem Lehrer oder der Tagesmutter. Es ist oft gerade für Eltern, die dem Kind ja besonders nahestehen, schwierig zu beurteilen, ob das Verhalten eines Kindes alarmierend ist oder nicht. Oft erkennen die Eltern die Schwierigkeiten ihres Kindes nicht, oder sie meinen, daß sich das »auswächst«. Viele Eltern scheuen auch davor zurück, eine Beratungsstelle aufzusuchen, um sich Rat zu holen. Diese Eltern ...

... möchten alle Schwierigkeiten allein meistern,

... wollen nicht mit ihren Problemen »hausieren« gehen,

... glauben, daß ihre Schwierigkeiten bei weitem nicht ernst genug sind, um Fachleute damit »belästigen« zu können

... wollen sich nicht aufzählen lassen, was sie alles falsch gemacht haben,

... wollen nicht, daß ihr Kind »aktenkundig« wird,

... befürchten, nicht richtig verstanden zu werden,

... meinen, damit einzugestehen, daß sie »unfähig« sind, Kinder zu erziehen.

Die Realität in den Beratungsstellen zeigt jedoch, daß diese Befürchtungen und Hemmungen überflüssig sind. Aber es scheint für einige Eltern wirklich schwierig zu sein, ihre Ratlosigkeit und Sorgen um ein Kind oder um die Familie zu zeigen. Dabei zeigen sie gerade dadurch, daß sie um Rat in Erziehungsfragen bitten, daß sie ihren Erziehungsauftrag ernst nehmen, ihnen das Wohl der Kinder besonders am Herzen liegt und sie die Nöte und Schwierigkeiten ihrer Kinder erkennen und wahrnehmen. Oft sind Eltern auch erstaunt, daß die Beratung doch ganz erstaunliche Resultate bringt, mit denen sie gar nicht gerechnet haben. Hierzu schrieb ein Vater:

»... also, zuerst wollte ich gar nicht mit. Wissen Sie, ich bin beruflich sehr eingespannt, und das mit den Kindern macht doch hauptsächlich meine Frau. Und wenn ich abends nach Hause komme, möchte ich dann doch meine Ruhe haben – und nicht noch Streiterei und Klagen. Naja, die in der Beratungsstelle wollten das eben unbedingt, und dann hab ich mir eben frei genommen und bin mitgekommen. Und das war dann ganz anders, als ich gedacht hatte: die haben sich das Gekeife zwischen meiner Frau und unserer Großen eine Weile angehört und haben dann den beiden beigebracht, anders miteinander zu reden und auch richtig zu streiten. Und dabei haben die beiden Kleinen und auch ich doch ne ganze Menge gelernt. Es ging zuerst darum, daß wir lernen sollten zu reden, daß da auch etwas bei rauskommt. Die haben auf solche Kleinigkeiten geachtet – also da wär ich nie drauf gekommen. Und da war ich schon froh, daß ich dabei gewesen war«.

Oft geht es, wie in diesem Fall, darum, Eltern und Kindern zu helfen, wie sie besser miteinander umgehen können. In anderen Beratungen lernen die Beteiligten, wie sie mit speziellen Belastungen fertig werden und einander unterstützen können, z.B. bei schulischen Problemen. Dann arbeitet die Beratungsstelle auch – mit Erlaubnis der Eltern – direkt mit der Schule zusammen. Hier ist es erstaunlich, wie schnell sich die Atmosphäre entspannen kann. Andere Kinder lernen in therapeutischen Spielgruppen, besser mit anderen Kindern umzugehen ... Das Spektrum, wie Familien geholfen werden kann, ist sehr groß, und je nach Beratungsstelle und Familie unterschiedlich.

Die etwa 900 Erziehungs- und Familienberatungsstellen in der Bundesrepublik gehören zu verschiedenen Trägern, z.B. zur Arbeiterwohlfahrt, zu den Kirchen und Gemeinden bzw. Städten. Die

Adressen findet man im Telefonbuch oder kann sie bei der Gemeinde- bzw. Stadtverwaltung erfragen. Wichtige Grundprinzipien der Beratungsstellen sind:
– die Ratsuchenden kommen freiwillig,
– die Beratung ist kostenlos,
– sie stehen allen Bürgern offen,
– die Mitarbeiter stehen unter Schweigepflicht und
– dort arbeiten verschiedene Berufsgruppen zusammen.

Die Aufgaben der Erziehungs- und Familienberatungsstellen sind:
– Diagnosen stellen bei Erziehungsschwierigkeiten und Entwicklungsstörungen, und dabei körperliche, seelische und soziale Ursachen zu berücksichtigen,
– Beratungen durchführen mit Kindern, Jugendlichen, Eltern und anderen beteiligten Personen,
– psychotherapeutische Maßnahmen durchführen oder veranlassen, um die Schwierigkeiten zu beheben und die Entwicklung der Kinder und Jugendlichen zu fördern.

Aber eins muß auch noch erwähnt werden: Beratungsstellen sind keine Reparaturwerkstätten, bei denen man die Kinder anschließend wieder »pflegeleicht« abholen kann.

Tips zum Weiterlesen:

– Augustus Y. Napier, Carl A. Whittaker: Die Bergers: Beispiel einer erfolgreichen Familientherapie (Rowohlt, 1987).

Wenn Kinder Gewalt erfahren

Kinder erleben Gewalt nicht nur im Fernsehen oder bei »Raufereien« mit Gleichaltrigen, sondern erfahren Gewalt auch in der Familie. Und das ist ein schwieriges Thema, gerade wegen der ideellen Überhöhung der Familie in unserer Zeit: Familie ist doch der Quell des Glücks und der Harmonie, die Stätte voll Liebe und Zärtlichkeit ... Gewalt gegen Kinder ist immer noch und wieder ein wichtiges Thema, obwohl – historisch gesehen – Kinder heute weniger Gewalt erfahren als früher. Dennoch sind erhebliche Restbestände an aggressivem Verhalten weiterhin zu beobachten. Außerdem sind neue Formen von Gewalt in den Mittelpunkt des Interesses gerückt, die in früheren Epochen entweder nicht existierten oder aber nicht als problematisch angesehen oder einfach verschwiegen wurden: neben der körperlichen Mißhandlung der sexuelle Mißbrauch und die Überforderung.

Gewalterfahrungen im Kindes- und Jugendalter sind ein massiver Streßfaktor, der bei den meisten Kindern zu erheblichen Auffälligkeiten und Beeinträchtigungen führt. Und zwar aus mehreren Gründen: Zum einen dauern die Situationen, in denen Kinder Gewalt erfahren, meist über Jahre an, d.h. sie gehören zu den langfristigen Belastungen. Zum anderen stehen Kinder und Jugendliche diesen hilflos gegenüber; sie haben keine adäquaten Möglichkeiten und Fähigkeiten, um sich vor Gewalt zu schützen und sie zu verarbeiten. Ein weiterer Grund liegt darin, daß die Gewalt meist in den Familien vorkommt, die Kinder und Jugendlichen also von Familienmitgliedern keine oder wenig Unterstützung und Hilfe bekommen können.

Körperliche Mißhandlung

Herr T. ist recht zufrieden. Beim Umkleiden zum Sportunterricht hatte er unauffällig nachgeprüft, ob Tobias wieder blaue Flecken oder ähnliches am Körper habe. Aber wieder einmal nichts. Das war vor einigen Monaten anders gewesen: Damals war der Junge öfter mit Verletzungen in die Schule gekommen, die eindeutig darauf schließen ließen, daß er zuhause körperlich mißhandelt wurde. Nach einigem Drängen gelang es Herrn T., die Eltern zu einem Besuch seiner Sprechstunde zu bewegen, um mit ihnen das heikle Thema »Mißhandlung« anzusprechen. In dem Gespräch stellte sich heraus, daß die Familie in ziemlichen Schwierigkeiten steckte: Tobias' Vater hatte seit einigen Monaten schon erheblichen beruflichen Ärger, der dann auch mit Arbeitsplatzwechseln verbunden war. Weil er sich jetzt erst einmal mit einer erheblich niedrige-

ren Bezahlung zufrieden geben mußte, um überhaupt eine angemessene Stelle zu haben, war die sechsköpfige Familie gezwungen, aus einem recht großzügigen Einfamilienhaus in eine 3-Zimmer-Wohnung zu ziehen. Außer den beträchtlichen Existenzsorgen, die sich die Eltern machten und die auch die ganze Familie belasteten, mußten alle auch eng zusammenrücken. Das schaffte Reibungspunkte. Tobias' Geschwister sind zudem teilweise noch sehr jung, sodaß die Mutter auch dadurch noch sehr gefordert wurde, und kaum Momente zur Verfügung hatte, um einmal Luft zu schnappen. Seit einem Jahr ist auch noch die Großmutter, die ebenfalls am Ort wohnt, schwer erkrankt und muß versorgt werden – von Tobias' Mutter, deren Kräfte dadurch endgültig am Ende waren.

Herr T. konnte nachvollziehen, daß den Eltern bei diesen vielen Anspannungen hin und wieder »die Sicherungen durchbrannten«. Schließlich war Tobias auch nicht gerade das einfachste und umgänglichste Kind. Gemeinsam überlegten sie, wie der Familie am ehesten geholfen werden könnte. Als oberstes Gebot galt es, die Situation so weit wie möglich zu entspannen und zu entschärfen: Da eine der schwierigsten Zeiten der Nachmittag war, es vor allem wegen der Hausaufgaben ständig Ärger gab, nehmen die beiden schulpflichtigen Kinder Tobias und Annalena jetzt an der Hausaufgabenbetreuung innerhalb der Schule teil. Herr T. konnte eine ältere Schülerin dafür gewinnen, hin und wieder mit den beiden Jüngsten nach draußen zu gehen und zu spielen, oder auch abends mal für ein paar Stunden zu babysitten. Dadurch konnte der familiäre Alltag ein wenig entschärft werden.

An den Wochenenden oder Feiertagen jedoch »knallte« es doch hin und wieder, sodaß Tobias montags manchmal mit Blessuren in der Schule erschien. Herr T. lud die Eltern wieder zu Gesprächen ein, aber sie kamen nicht. Erst als der Lehrer damit drohte, das Jugendamt einzuschalten, zeigten die Eltern Gesprächsbereitschaft. Sie waren selbst enttäuscht gewesen, daß sie wieder zuviel zugeschlagen hatten, und wehrten sich gegen die Kontrolle von Tobias' Lehrer. Herr T. riet den Eltern eindringlich, sich an das Kinderschutzzentrum zu wenden, um gemeinsam mit den dortigen Mitarbeitern nach Lösungen zu suchen.

Je nach dem, was unter Mißhandlung verstanden wird, schwanken die Zahlen über die Verbreitung körperlicher Mißhandlung. Wie alle Untersuchungen zeigen, muß man Kindesmißhandlung immer im sozialen Zusammenhang und in Verbindung mit dem Familiengeschehen beurteilen. Es sind verschiedene Faktoren, die das Auftreten von Gewalt in der Familie begünstigen, vor allem wenn mehrere davon zusammen auftreten:

- wenn die Familie in einer Krise lebt, vor allem langanhaltende Spannungen und Konflikte zwischen den Ehepartnern;
- wenn wirtschaftliche Krisen und andere existentielle Notlagen die Eltern beunruhigen und sie in ihrem Selbstwertgefühl verunsichern, z.B. bei Dauerarbeitslosigkeit;
- wenn die Familie sehr isoliert lebt und wenig Kontakte in der Verwandtschaft und Nachbarschaft pflegt;
- wenn die Familie beengt wohnt;
- wenn in der Umwelt viele aggressive Handlungen und Gewaltverbrechen geschehen, Gewalt quasi »normal« geworden ist;
- wenn die Eltern selbst mißhandelt worden sind oder andere schwere Belastungen aus ihrer Lebensgeschichte noch nicht verarbeitet haben.

»Risikofamilien« sind in erster Linie solche, bei denen mehrere dieser Faktoren zusammentreffen. Das Auftreten von Kindesmißhandlung ist also grundsätzlich auch ein Zeichen dafür, daß die Familie in einer Notlage ist, in der sie sich gerade nicht selbst zu helfen weiß.

Eltern werden zu Tätern, weil sie mit ihrem eigenen Leben nicht mehr zurechtkommen. Ihre Ohnmacht und völlige Überforderung wandelt sich in Aggression, die sich bei den schwächsten Familienmitgliedern entlädt: den Kindern, bzw. oft bei dem schwierigsten Kind. Sie bekommen zu spüren, daß sie nicht als Bereicherung, sondern als lästiges Übel, als »Klotz am Bein« empfunden werden.

Vielleicht sind Sie als Kind selbst ein paar Mal geschlagen worden? Können Sie sich noch an die Gefühle erinnern, die Sie damals hatten? Schreiben Sie doch ein paar Stichworte dazu auf:

Die Folgen von Gewalt und Mißhandlung sind äußerst ernst: Tod, chronische Körperschäden, Behinderungen, körperliche Entwicklungsstörungen, Sinnesbeeinträchtigungen, Sprachstörungen, Koordinationsstörungen, emotionale Störungen, aggressives Verhalten gegenüber anderen Menschen oder gegen die eigene Person usw.

> Es ist nicht nur die Erfahrung der körperlichen Gewalt, die den Kindern so schwer zu schaffen macht, sondern es ist vor allem der elementare Bruch des Vertrauens, der für sie schwer zu verkraften ist.

Damit wird das Vertrauen eines Kindes oder Jugendlichen in die Welt und die Menschen oft so schwer erschüttert, daß seine Fähigkeit, überhaupt Beziehungen zu anderen Menschen aufzubauen und Vertrauen zu fassen, gestört oder zumindest sehr irritiert wird.

Was können Sie als Eltern tun?

Die eigenen Kinder zu schlagen – das belastet eigentlich alle Eltern. Aber ein schlechtes Gewissen und der immer wieder gefaßte Vorsatz, es nicht noch einmal zu tun, verhindert keine weiteren Mißhandlungen. Das Gegenteil kann sogar der Fall sein, wenn der Druck, der auf dem Elternteil durch eine schwierige Lebenssituation sowieso schon lastet, noch weiter verstärkt wird.

- Sagen Sie es Ihrem Kind, wenn es Ihnen leid tut, zugeschlagen zu haben. Machen Sie deutlich, daß auch Sie der Ansicht sind, daß Kinder nicht geschlagen werden sollten.
- Und auch wenn das Kind Sie zuvor sehr gereizt hat: Übernehmen Sie die Verantwortung.
- Suchen Sie – in ruhigen Situationen – den Kontakt zu dem Kind, das Ihre Ungeduld am ehesten zu spüren bekommt. Häufig ist gerade diese Beziehung in der Familie besonders schwierig – hier ist oft ein richtiges Kennenlernen nötig.
- Überlegen Sie sich, in welchen Situationen Ihnen am ehesten die Hand ausrutscht.
- Häufig sind dies Umstände, in denen »alles zusammenkommt«. Welches sind die einzelnen Teile, die – zusammen auftretend – zuviel sind? Gibt es dabei Belastungen, die Sie vermeiden oder verringern können?
- Sprechen Sie darüber mit Menschen, zu denen Sie Vertrauen haben, von denen Sie Rat und Unterstützung erwarten können – am besten mit dem Partner oder der Partnerin.
- Zögern Sie nicht, sich Hilfe in Beratungsstellen oder Kinderschutzeinrichtungen zu holen. Diese Stellen sind dafür da. Sie bemühen sich sehr darum, daß eine Familie nach Kräften unterstützt wird. Der Grundsatz lautet: »Hilfe statt Strafe«.

Im Falle der körperlichen Mißhandlung haben Eltern häufig den Wunsch, die Mißhandlung von sich aus zu beenden, sie geben die Handlungen auch oft zu, wenn diese von Dritten aufgedeckt werden. Immer mehr Eltern, die ihre Kinder mißhandeln, melden sich bei Kinderschutzzentren, beim Kinderschutzbund oder in Beratungsstellen. Dort wird den Eltern meist geholfen »aufzuräumen«: Es wird mit den Eltern gemeinsam genau überprüft, unter welchen Belastungen und Anspannungen die Familie zur Zeit steht, ob und wie welche Schwierigkeiten geklärt werden können, wo Entlastungen und Unterstützungshilfen geschaffen werden können. Es ist oft erschreckend, wie wenig Menschen ausreichend darüber informiert sind, welche Hilfen ihnen rechtlich zustehen. Hier können die Fachkräfte in den Beratungsstellungen wichtige Arbeit leisten.

Notwendig ist aber auch in den Familien, in denen ein oder mehrere Kinder mißhandelt werden, in den Beziehungen der Familienmitglieder untereinander »aufzuräumen«; dies betrifft vor allem die Partnerbeziehung der Eltern, aber auch den Kontakt zu dem Kind, das in der Familie die Rolle des Sündenbocks einnimmt.

Tips zum Weiterlesen

- Susan Forward: Vergiftete Kindheit. Vom Mißbrauch elterlicher Macht und seiner Folgen (Bertelsmann, 1990).

Sexueller Mißbrauch

Körperliche Kindesmißhandlung und sexueller Mißbrauch werden häufig in einem Atemzug genannt, sodaß der Eindruck entsteht, daß sich diese beiden Arten von Gewalt sehr ähnlich sind – daß beim sexuellen Mißbrauch eben nur sexuelle Aspekte hinzukommen. Dies ist jedoch nicht der Fall. Die einzige Gemeinsamkeit ist, daß Beides Formen von Gewalt gegen Kinder und Jugendliche sind. Deutlich unterschiedlich sind z.B. die Situation, in der die Familie lebt, der Opferkreis und die Täter:

Im Bereich des sexuellen Mißbrauchs sind die Täter weit überwiegend Männer, und zwar »ganz normale« Männer: das Bild, nach dem »so etwas« nur verrückte oder offensichtlich anormale Menschen tun, muß dringend korrigiert werden.

> Wichtig ist auch: es sind Männer aller sozialer Schichten! Es sind Männer aus der nächsten Umgebung des Kindes.

Etwa ein Viertel der betroffenen Kinder wird vom Vater, Stiefvater oder dem Freund der Mutter mißbraucht, mehr als ein Zehntel durch andere Familienmitglieder (z.B. Onkel oder Opa) und mehr als ein Drittel von anderen vertrauten Erwachsenen, z.B. dem Lehrer, dem Gruppenleiter oder Nachbarn. Die Warnung an die Kinder, nicht mit einem »Fremden Mann« am Spielplatz wegzugehen, schützt also nur vor einem Bruchteil der Situationen, in dem ein sexueller Mißbrauch stattfinden kann, denn nur sechs Prozent der Opfer wurden von einem völlig fremden Mann mißbraucht. Die meisten Täter können sich auch aufgrund der engen Beziehung sicher sein, daß das Kind ihnen gehorcht, sodaß sie keine körperliche Gewalt anwenden müssen.

> Die Kinder werden so gezielt unter Druck gesetzt, vor allem mit Hilfe von Drohungen, daß sie sich nicht trauen, sich zu wehren, sich zu verweigern oder andere Menschen um Hilfe zu bitten.

Die Opfer sind vorwiegend Mädchen, und zwar sind die allermeisten jünger als 14 Jahre alt. Nur sehr wenige Opfer von sexuellem Mißbrauch in der Familie können diese Erfahrungen von Gewalt später ohne psychotherapeutische Unterstützung verarbeiten. Die Erfahrung, daß Nähe, Vertrauen, Intimität und Sexualität ganz eng verknüpft sind mit Ekel, Gewalt, Angst, Schmerz und Hilflosigkeit, gräbt sich tief in die Seele der Kinder ein und erschüttert und verändert das Bild von sich und der Welt grundlegend. Die sexuell mißbrauchten Kinder sind erschütternderweise häufig die »Lieblinge« der (Stief-)Väter. Somit ergibt sich für die Kinder das unlösbare Dilemma, sich auf der einen Seite geliebt zu fühlen und auf der anderen Seite zugleich Gewalt und die Verachtung ihrer Bedürfnisse zu erfahren. Bei den meisten bleiben tiefe seelische Wunden und soziale Verletzungen zurück, die sie ein Leben lang mit sich herumtragen. Sie führen nur allzu oft dazu, daß es sehr schwer für sie ist, überhaupt noch enge Beziehungen zu anderen Menschen aufzubauen und ihnen wieder zu vertrauen.

Mit dem sexuellen Mißbrauch verbunden ist meist ein Geheimhaltungsdruck, den der Täter ausübt. Dies ist besonders dann der Fall, wenn der Täter aus dem Verwandtenkreis oder aus der Familie stammt. Die Opfer können das, was passiert ist, kaum in Worte fassen und anderen darüber berichten. Viele Frauen berichten jedoch auch später, daß sie sich als Mädchen mehr oder minder deutlich an

Erwachsene, vor allem die Mutter, um Hilfe gewandt haben. Diese reagierten aber gewöhnlich gar nicht oder nur mit Vorwürfen (»Das ist Deine Schuld!« oder »Du lügst!«). So kam zu dem Gewalterlebnis mit dem Mißbraucher auch noch die Erfahrung hinzu, von anderen Vertrauenspersonen nicht geschützt, sondern auch noch »verraten« worden zu sein.

Was können Sie tun, um Ihr Kind vor sexuellem Mißbrauch zu schützen?

Die Bereiche »Gewalt gegen Kinder« und vor allem »sexueller Mißbrauch« sind sehr heikle Themen, mit denen auch wir Erwachsenen uns nur ungern beschäftigen. Vielleicht geht es Ihnen auch so, daß Sie dieses ganze Problem am liebsten ignorieren möchten? Gerade Erwachsenen, die in Ihrer Kindheit selbst Gewalt- und Mißbrauchserfahrungen gemacht haben, fällt es schwer, sich mit diesen Fragen auseinanderzusetzen. Aber deren Kinder sind auch besonders gefährdet.

> Da Sie Ihr Kind und seine sozialen Kontakte nicht ständig überwachen und kontrollieren können, ist es wichtig, daß das Kind selbst lernt, Gefahren und Mißbrauchssituationen zu erkennen.

– Dafür ist eine wichtige Grundlage, daß Sexualität in der Familie kein Tabu ist. Das Kind muß erleben, daß es darüber ganz frei und normal sprechen kann. Das Kind muß seinen Körper kennen, auch seine intimen Bereiche und die Körperteile in einer altersgemäßen Sprache benennen können. Das Kind soll vertraut mit sich sein; dann wird es auch wissen, wie schön und wertvoll sein Körper ist. Das Kind kann so lernen, daß es das Recht hat zu bestimmen, wer, wann und wie es berühren darf.
– Wichtig ist es auch, daß Kinder lernen, sich darauf zu verlassen, daß das, was sie fühlen, auch in Ordnung und richtig ist. Nur so kann man es vermeiden, daß sie sich zu sexuellen Handlungen

überreden lassen, und sich dann auch noch einreden lassen, daß sie es ja doch schön gefunden hätten. Kinder wissen, was schön und was unangenehm für sie ist – müssen in diesem Vertrauen jedoch noch weiter bestärkt werden.

– Sprechen Sie mit Ihrem Kind über den Unterschied zwischen schönen und unangenehmen Berührungen und bestärken Sie es darin, diesen Unterschied genau wahrzunehmen. Sprechen Sie – auch wenn es Ihnen schwer fällt – darüber, wie »unangenehme Berührungen« aussehen können: daß manchmal Erwachsene Kinder ausnutzen, und ihre Hände unter die Kleidung schieben, und Mädchen z.B. an der Scheide berühren. Oder daß ein Erwachsener selbst angefaßt werden will. Und darüber, daß ein Erwachsener das nicht darf!

– Viele Eltern äußern die Sorge, daß sie ihre Kinder ängstigen könnten, wenn sie ihnen erzählen, was sexueller Mißbrauch ist, und was dabei geschieht. Es hat sich jedoch herausgestellt, daß Kinder deutlich ängstlicher und unsicherer werden, wenn nur diffuse Andeutungen gemacht werden. Erst wenn ein Kind weiß, was Mißbrauch ist, kann es einen solchen auch erkennen.

– Das Erkennen einer solchen Situation reicht jedoch nicht aus; es muß auch den Mut haben, sich zu verweigern. Deswegen ist es

wichtig, daß ein Kind gelernt hat, »nein« zu sagen, und die Sicherheit entwickelt hat, daß sein »nein« auch respektiert und geachtet wird.

– Eigentlich alle Täter setzen die Kinder unter Druck, damit sie nichts davon erzählen. Gerade jüngeren Kindern gegenüber wird der Mißbrauch als »Geheimnis« dargestellt – und auch die kleineren wissen, daß man da »dicht« halten muß. Erklären sie deshalb ihrem Kind, daß es »gute und schlechte Geheimnisse« gibt. Sprechen Sie mit Ihrem Kind über diesen Unterschied, damit Sie sich sicher sein können, daß Ihr Kind Ihnen auch dann von einem sexuellen Mißbrauch erzählt, wenn der Täter es zum Schweigen gedrängt und gepreßt hat.

Woran kann man erkennen, daß ein Kind sexuell mißbraucht wurde oder wird?

Die Palette der möglichen Anzeichen ist groß. Besonders deutlich aber sind stark sexuell gefärbtes Verhalten des Kindes, Verschlossenheit oder Angst vor Erwachsenen, Alpträume, Weglaufen, wenn ein Kind nur mehr bekleidet ins Bett gehen möchten oder wenn es plötzlich viel Geld zur Verfügung hat.

– Wenn Sie mit Ihrem Kind darüber sprechen, oder wenn Ihr Kind auf Sie zukommt und Ihnen von einem sexuellen Mißbrauch erzählt, versuchen Sie, ruhig zu bleiben. Plötzliche Panik oder heftige Wut von Ihrer Seite kann ein Kind in dieser Situation falsch verstehen, und auf sich selbst beziehen.
– Machen Sie deutlich, daß das Kind für den Mißbrauch keinerlei Verantwortung trägt, und daß Sie es künftig schützen werden.
– Vor allem aber: glauben Sie Ihrem Kind! Es hat sich herausgestellt, daß Kinder solche Erlebnisse nicht erfinden oder träumen – auch wenn der Täter dies dann behauptet. Erwachsene, die Kinder sexuell ausbeuten, zeigen sich beim Offenlegen des Mißbrauchs nur selten geständig. Sie leugnen die Tat, streiten sie oft mit großem Erfolg ab – weil keine eindeutigen Beweise

und Spuren vorliegen – und sind auch bei nachgewiesenem Mißbrauch nicht bereit, die Verantwortung für ihr Handeln zu übernehmen.

- Findet der sexuelle Mißbrauch innerhalb der Familie statt, sollten Sie sich unbedingt Unterstützung in einer Beratungsstelle holen. Dort wird dann besprochen, was im Einzelfall die beste Lösung ist, um das Kind zu schützen und wie tieferliegende Probleme angegangen werden können.
- Bei einem Mißbrauch außerhalb des engsten Familienkreises ist es meistens einfacher, den Kontakt zwischen dem Mißbraucher und dem Kind zu unterbinden.
- Ob man den Täter zur Rede stellen und/oder anzeigen sollte, läßt sich allgemein nicht sagen. Für das betroffene Kind kann es eine wichtige Erfahrung sein, wenn durch eine Anzeige oder eine Verurteilung dokumentiert wird, daß es wirklich ein Verbrechen war, und daß der Betreffende bestraft wird.

Tips zum Weiterlesen:

- Caren Adams, Jennifer Fay: Ohne falsche Scham. Wie Sie Ihr Kind vor sexuellem Mißbrauch schützen können (Rowohlt, 1989).
- Barbara Kavemann, Ingrid Lohstöter: Väter als Täter – Sexuelle Gewalt gegen Mädchen (Rowohlt).
- Margret Steenfatt: Nele. Ein Mädchen ist nicht zu gebrauchen (Rowohlt, 1986) ab 13 Jahre.
- Heidi Glade-Hassenmüller: Gute Nacht, Zuckerpüppchen. (Georg Bitter, 1989) ab 16 Jahre.

Überforderung

Wir haben wieder eine Bitte: Stellen Sie sich doch einmal vor, Sie wären an Ihrem Arbeitsplatz so hohen Anforderungen ausgesetzt, daß Sie sie nicht erfüllen können. Diese Situation wäre auch nicht nur für ein paar Tage, sondern über Monate und Jahre der Fall.

Wie würden Sie sich dabei fühlen?

Als Überforderung bezeichnet man, wenn Kinder und Jugendliche Anforderungen ausgesetzt sind, die ihren Fähigkeiten nicht entsprechen, wenn die Ansprüche und Erwartungen zu hoch sind. Manchmal ist die Einschätzung, ob eine Überforderung vorliegt, ein Balanceakt. Kinder und Jugendliche müssen ja auch hin und wieder gefordert werden. In erschreckend vielen Fällen gehen die Anforderungen jedoch weit darüber hinaus.

> Eine massive Überforderung ist es zum Beispiel, wenn Kinder ihren Geschwistern gegenüber Elternfunktionen übernehmen oder für ein Elternteil als Vertraute(r) oder als Partnerersatz herhalten müssen.

Ein weiteres Beispiel findet sich bei den »Wunderkindern« – oder bei denen, die es werden sollen. Einige Menschen, die es aufgrund herausragender Begabung und immenser Arbeit »geschafft« haben, werden Kindern und Jugendlichen als Beispiel vor Augen gehalten. Wir können nur ahnen, wieviele Kinder hier »gedrillt« werden. Die Überforderung als Form der Gewalt gegen Kinder kommt vorwiegend in den mittleren und oberen Schichten der Bevölkerung vor.

> Sehr häufig bezieht sich die Überbeanspruchung der Kinder auf den schulischen Bereich.

Ein Wochenende endlich weg von der Familie – und Sylvia M. hat Zeit und Raum, mit ihrer Freundin Anette lange und intensive Gespräche zu führen – auch über die schwierigen Themen, für die oft die Ruhe fehlt. Z.B. weiß sie mit ihrem Sohn Alexander nicht weiter: er ist doch ein ungewöhnlich begabtes und aufgewecktes Kind – aber in der Schule geht es nicht recht vorwärts. Das dritte Schul-

jahr ist nun bald zu Ende, und seine Noten sind ... naja, nicht schlecht, aber für den Sprung ins Gymnasium sollten sie doch besser sein, damit er gleich vorne dabei ist. Also nicht, daß der Junge faul wäre, nein, das wirklich nicht. Er strengt sich schon an, aber er kann sich nicht lange genug konzentrieren, und seine Lern- und Arbeitstechniken könnten auch noch verbessert werden. Na, und dann ist er ja auch noch so häufig krank ... Die Frage ihrer Freundin, ob sie ihren Alexander vielleicht überschätze und überfordere, weist Sylvia weit von sich. Das hätte die Lehrerin ja auch schon gemeint, aber sie als Mutter wisse doch am ehesten, was in ihrem Kind stecke.

Im Laufe der gemeinsam verbrachten Tage erzählt auch Anette von den Dingen, die sie bewegen, und das sind vorwiegend berufliche Fragen. Sie selbst hat keine Kinder und konnte so viel Energie und Zeit in ihr berufliches Fortkommen investieren. Jetzt muß sich Anette zwischen zwei anspruchsvollen, verantwortungsvollen Positionen entscheiden. Bei einem Glas Wein gesteht Sylvia ihrer Freundin, daß sie irgendwo in ihrem Inneren auch ganz schön neidisch sei: sie selbst hatte als Mädchen nicht so lange zur Schule gehen dürfen, wie sie eigentlich wollte, sondern sollte schnell einen einfachen Beruf lernen und dann heiraten. Und dabei hatte so viel »in ihr gesteckt«! Und wie sehr es doch schmerzen würde, daß ihre Begabungen nicht gefördert worden seien ... Und je deutlicher Sylvia M. ihren Schmerz und ihre Wut spüren konnte, desto deutlicher sah sie auch die Parallelen zu ihren Fragen, die Alexander und seine Zukunft betrafen: Sie hatte große Sorgen, daß sich bei Alexander ihr eigenes Schicksal wiederholen sollte. Zugleich wünschte sie sich, daß ihr Sohn den Erfolg haben sollte, den sie nicht hatte.

Allzuoft legen Eltern in ihre Kinder Vorstellungen und Lebensplanungen hinein, die – im vermeintlichen wohlverstandenen Interesse der Kinder – ihre eigenen Vorstellungen und Bedürfnisse als Erwachsene sind.

> Eltern wollen »das Beste« für ihr Kind und merken oft nicht, daß sie gerade deshalb an den wirklichen Wünschen und Bedürfnissen des Kindes vorbeigehen.

Überforderte Kinder leben ständig mit der Furcht, daß die Liebe und Anerkennung ihrer Eltern mit ihren Leistungen verbunden ist, und daß sie nur etwas wert sind, wenn sie gute Noten nach Hause bringen. Die Belastungen, die damit verbunden sind, wenn sie die Erwartungen der Eltern nicht erfüllen, sind sehr groß: Viele gesundheitliche Belastungen und psychosoziale Auffälligkeiten treten auf, wenn das Gleichgewicht zwischen Anforderungen und Fähigkeiten nicht stimmt.

Wie können Sie eine schulische Überforderung ihres Kindes verhindern helfen?

- Sprechen Sie mit Ihrem Kind, fragen Sie immer wieder einmal nach seinen Vorstellungen, Wünschen und Zielen. Fragen Sie auch, wie es z.B. die Anforderungen in der Schule einschätzt, ob diese zu hoch sind oder genau richtig. Es hat sich in Untersuchungen immer wieder herausgestellt, daß Kinder und Jugendliche ihre Leistungsfähigkeit und ihre Leistungen in der Schule besser einschätzen können, als z.B. Eltern oder die Lehrer.
- Sprechen Sie auch mit anderen Menschen über ihr Kind. Oft sehen Dritte das eigene Kind mit ganz anderen Augen, erkennen vielleicht andere Stärken und Schwächen oder bewerten bestimmtes Verhalten auf eine andere Weise. Das hilft manchmal, eingefahrene Auffassungen, wie sie bei so engen Beziehungen immer mal wieder entstehen können, deutlich zu machen.
- Denken Sie auch einmal in Ruhe nach, welche Wünsche und Erwartungen Sie wirklich an Ihr Kind haben. Erlauben Sie sich ruhig für ein paar Minuten in die Zukunft zu träumen: Wie möchten Sie das Leben Ihres Kindes sehen? Auch wenn Sie nur möchten, daß Ihr Kind später glücklich ist – bedeutet Glück für Sie auch einen gewissen Lebensstandard und beruflichen Erfolg? Erlauben Sie sich ruhig Ihre Träume; je deutlicher sie sind, desto deutlicher kann dann werden, daß es Ihre Träume sind – und nicht die Ihres Kindes. Dieser Unterschied ist wichtig.
- Bei vielen Eltern spielen Enttäuschungen über ihre eigene Lebensgestaltung eine große Rolle wenn sie ihre Kinder überfordern. Deswegen ist es sehr wichtig zu überdenken, ob es wirklich sinnvoll ist, wenn die Kinder die eigenen unerfüllten Lebensträume verwirklichen sollen.

Tips zum Weiterlesen

- David Elkind: Wenn Eltern zuviel fordern (Hoffmann und Campe, 1989).
- Kirsten Boie: Das Ausgleichskind (Oetinger, 1990) ab 12 Jahre.

Die Anforderungen in der Schule sind sehr groß

Bedeutet Schule auch gleich automatisch Streß? Die Schule sollte doch eigentlich die natürliche Neugier des Kindes unterstützen, seinen Wissensdurst befriedigen und ihm viele grundlegende Dinge vermitteln, die es für ein Leben in unserer Gesellschaft braucht. Das alles soll kindgerecht aufgebaut sein und den Bedürfnissen und Fähigkeiten der Schülerinnen und Schüler entsprechen.

Welche Erinnerungen haben Sie an Ihre Schulzeit? Was hat Sie in der Schule belastet?

Wir müssen davon ausgehen, daß die heutige Kindergeneration in einem deutlich höheren Maße unter schulischem Streß steht. Der entscheidende Grund dafür, daß die Schule für erschreckend viele Kinder und Jugendliche zu einer massiven Belastung geworden ist, liegt an der Funktion der Schule in unserer Leistungsgesellschaft. Heutige Industriegesellschaften sind insofern Leistungsgesellschaften, weil die erbrachte Leistung darüber entscheidet, welche Position, welchen sozialen Rang ein Mensch in der Gesellschaft einnimmt. Früher wurde diese Entscheidung bereits dadurch getroffen, in welche Familie, in welche Gesellschaftsschicht ein Kind hineingeboren wurde. Die individuelle Leistung spielte bei weitem nicht diese Rolle wie heute. Die Sprößlinge der oberen Schichten nahmen selbstverständlich wieder die führenden Positionen z.B. in Politik und Wirtschaftsleben ein, nachdem sie entsprechend dafür ausgebildet worden waren.

Hier hat sich einiges geändert – obwohl es z.B. auch heute noch Arbeiterkinder (bei gleichen Fähigkeiten!) in der Schule schwerer haben. Die Steine, die diesen Kindern auf den Ausbildungsweg gelegt werden, sind immer noch sehr groß. Die Auslese, wer einmal über Macht, Einfluß, Besitz und Ansehen verfügen wird, geschieht aber nicht mehr ausschließlich über die soziale Herkunft, sondern innerhalb von Einrichtungen, die speziell hierfür eingerichtet wurden: die Bildungs- und Ausbildungseinrichtungen. Hier sollen die jungen Mitglieder der Gesellschaft leistungsmäßig trainiert und qualifiziert werden, und es muß entschieden werden, auf welcher Stufe und welchem Niveau ein junger Mensch (erst einmal) einzu-

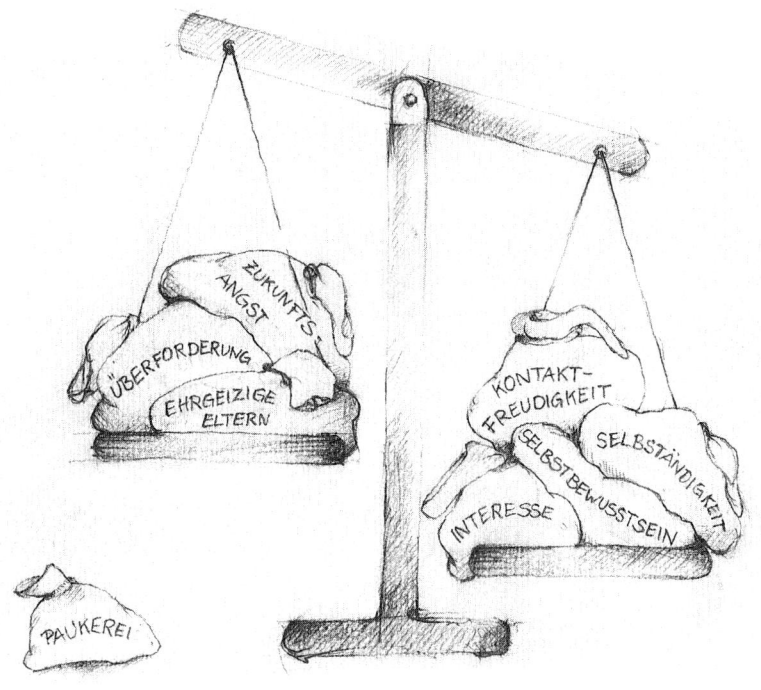

Die »Schulbalance«: Nur wenige Kinder können sie »spielend« für sich entscheiden.

ordnen ist. Also bedeutet die Integration von Kindern und Jugendlichen in die Gesellschaft der Erwachsenen auch immer einen Prozeß der Auslese für bestimmte Positionen. Der Ausgangspunkt der Ausleseentscheidung sind die schulischen Leistungen.

Welches sind die Auslöser von Schulstreß?

Die Frage, was denn jetzt genau den Schulstreß und die damit zusammenhängenden gesundheitlichen Belastungen auslöst, ist schwer zu beantworten – sowohl allgemein als auch im Einzelfall. So ist es auch schwierig, speziell schulische Faktoren zu benennen, die Kinder und Jugendliche im Schulalter nervös, unkonzentriert, unmotiviert, ängstlich oder krank machen können. Es ist offensichtlich, daß außerschulische Faktoren stark in die Schule hineinwirken. Der Begriff »Schulstreß« lenkt leicht davon ab, daß Kinder und Jugendliche meist in verschiedenen Lebensbereichen zugleich belastet sind. Daher müssen wir mit der Annahme vorsichtig sein, daß es ein oder zwei Faktoren gibt, die allein für das Auftreten von Beeinträchtigungen oder Auffälligkeiten verantwortlich sind.

> Die subjektiven Faktoren, also das Empfinden, belastet bzw. überlastet zu sein, sind sehr ernst zu nehmen. Nicht allein die objektive Belastung erzeugt »Streß«; er tritt erst ein, wenn eine Beanspruchung auch als solche empfunden wird.

Das wiederum hängt davon ab, wie die Schülerin oder der Schüler die objektive Belastung und die eigenen Fähigkeiten einschätzt, und vor allem auch, wie er oder sie die Folgen beurteilt, wenn die Belastungen nicht bewältigt werden können. Objektive und subjektive Faktoren können also nie voneinander losgelöst betrachtet werden. Wie stark die objektive Belastung zu einer subjektiven wird, entscheidet sich auch danach, wie sich die soziale Umwelt verhält.

> Die Art und Weise, wie Eltern, Lehrer, Mitschüler und Freunde die objektiven Anforderungen wahrnehmen und beurteilen, entscheidet mit darüber, wie das Kind oder der Jugendliche diese Anforderungen verarbeitet.

Überlegen Sie doch bitte, wann Sie das letzte Mal in einer Situation waren, in der Sie unter sehr hohen Anforderungen standen. Haben Sie in dieser Zeit irgendwelche Unterstützung bekommen? Was genau würden Sie sich in solchen Situationen wünschen?

- -

- -

- -

- Wahrscheinlich wäre es für Sie schön, wenn die Menschen in Ihrer Umgebung sehen und anerkennen würden, daß Sie viel um die Ohren haben. Sätze, wie z.B. »Was stellst Du Dich so an, das ist doch gar nicht so schlimm!« sind da alles andere als unterstützend.

- Eine ruhige und geduldige Atmosphäre ist für die meisten Menschen dann auch sehr wichtig. Und die Gewißheit, über anstehende Fragen und Probleme in Ruhe reden zu können.

- Wichtig kann es auch sein, sich die Konsequenzen zu überlegen, wenn man dieser Anforderung nicht gerecht wird. Ist es wirklich eine Katastrophe, wenn es nicht geschafft wird?

- Entscheidend ist es auch, möglichst viel Druck und Spannung zu nehmen und auch in anderen Lebensbereichen Entlastungen zu schaffen.

- Haben Sie nicht auch das Bedürfnis, sich in Zeiten voller Beanspruchung immer mal wieder etwas besonders Gutes zu gönnen, z.B. einen schönen Spaziergang, eine nette Verabredung, eine sonst zu teure Zeitschrift? Wahrscheinlich legen Sie dann auch Wert darauf, daß diese »Belohnung« nicht unbedingt an den Erfolg gekoppelt ist, sondern auch als Trösterchen gelten kann.

Das sind alles sehr schöne Bedingungen, um mit stressigen Zeiten gut umgehen zu können. Jedoch sehen die Bedingungen von Kindern, die schulisch unter Druck stehen, gewöhnlich anders aus: Die Belastung wird häufig nicht gesehen, sondern es heißt, sie sollen sich mehr anstrengen. Wenn die Kinder nach Mißerfolgen traurig und enttäuscht nach Hause kommen, bekommen sie dann auch noch eine Gardinenpredigt zu hören. Von den – erfolgsabhängigen – Belohnungen ist keine Rede mehr: im Gegenteil werden dann noch Hobbys oder Verabredungen mit Freunden eingeschränkt. Solche indirekten Bestrafungen belasten Kinder und Jugendliche noch mehr.

Ein weiterer Belastungsfaktor muß auch noch berücksichtigt werden: Kinder und Jugendliche werden heute in einem sehr viel größeren Maße zur Selbständigkeit erzogen als frühere Generationen. Das ist auch Ausdruck der »Individualisierung« in unserer Gesellschaft, die wir bereits angesprochen haben: jeder ist für sich und seinen Lebensweg in einem sehr weiten Maße selbst verantwortlich. Das kann für Kinder und Jugendliche auch belastende Seiten haben: Wenn sie in der Schule hinter den Anforderungen zurückbleiben, dann liegt das letztendlich am eigenen Verhalten, für das das Kind oder der Jugendliche in all seiner »Selbständigkeit« eben auch verantwortlich gemacht wird. In dieser Überforderung liegen weitere Ausgangspunkte für die hohen Anspannungen und Bela-

stungen von erschreckend vielen Schülerinnen und Schülern, die sich in psychosozialen und psychosomatischen Symptomen ausdrücken können.

Woran können Sie erkennen, ob Ihr Kind unter zu hohem schulischem Druck steht? Wir haben wieder eine Checkliste zusammengestellt, anhand derer Sie gezielt über die schulische Situation Ihres Kindes nachdenken können:

Ihr Kind ...	Ja	Nein
... geht ungern zur Schule	☐	☐
... klagt morgens häufig über Bauch- oder Kopfschmerzen	☐	☐
... kommt manchmal weinend aus der Schule	☐	☐
... hat oft Konflikte mit Klassenkameraden	☐	☐
... hat keinen besten Freund oder Freundin in der Klasse	☐	☐
... wird von anderen Kindern in der Klasse gehänselt	☐	☐
... hat Angst vor Lehrkräften	☐	☐
... zeigt seit einiger Zeit schlechte Leistungen	☐	☐
... wäre ein- oder mehrmals fast durchgefallen, hat es aber gerade noch geschafft	☐	☐
... hat gerade einen Schul- oder Klassenwechsel vor oder hinter sich	☐	☐
... wird zuhause des öfteren wegen schulischer Belange gescholten oder bestraft	☐	☐
... ist sehr unruhig vor Klassenarbeiten	☐	☐
... kann Mißerfolge nur sehr schwer verdauen	☐	☐
... muß ständig zusätzlich für die Schule üben, um den Anforderungen gerecht zu werden	☐	☐
... braucht Nachhilfeunterricht	☐	☐
... braucht ständig Hilfe bei den Hausaufgaben	☐	☐
... sitzt sehr lange an den Hausaufgaben	☐	☐
... läßt sich leicht ablenken	☐	☐
... hat keinen eigenen Platz für die Hausaufgaben	☐	☐

Gehen Sie diese Liste doch noch einmal gemeinsam mit Ihrem Kind durch und sprechen Sie darüber, wie es ihm in der Schule geht. Überlegen Sie zusammen, wo Entlastungen möglich wären.

Wichtig ist aber auch, welcher Art von Anforderungen die Schülerinnen und Schüler ausgesetzt sind. In der klassischen Streßtheorie werden zwei Arten von Belastungsfaktoren unterschieden: Als anstrengend, aber auch anregend werden Situationen empfunden, die zu Leistung und Wettbewerb herausfordern, und bei denen der Betroffene das Gefühl hat, alles in etwa unter Kontrolle zu haben. Anlässe jedoch, die zu Hilflosigkeit und Versagensängsten führen, die dem Betreffenden aussichtslos erscheinen, wirken eher lähmend und ängstigend. Situationen, die beide Reaktionen hervorrufen, haben eine besonders gesundheitsgefährdende Wirkung. Also wenn z.B. eine hohe Leistung gefordert wird und zugleich die Gefahr von Mißerfolg groß ist. Kinder und Jugendliche zeigen die Bereitschaft, hohe Anforderungen zu bewältigen und sich langfristig für ferne Ziele anzustrengen – das bestätigt sich immer wieder.

> Kinder mit hoher Leistungsmotivation sind so gesehen eine »gesundheitsgefährdete« Gruppe, vor allem wenn sie durch die nachgewiesene Leistung erreichen wollen, von den Eltern akzeptiert, geachtet und geliebt zu werden. Machen Sie deshalb immer wieder deutlich, daß Ihre Liebe und Achtung nicht mit Leistungen zusammenhängt.

Die Einschulung: Aller Anfang ist schwer

Können Sie sich noch an Ihren ersten Schultag erinnern? Was war schön an diesem Tag, und wovor fürchteten Sie sich? Was hätten Sie sich gewünscht?

Die meisten Eltern gehen von ihren eigenen Erfahrungen aus, wenn sie den ersten Schultag ihres Kindes vorbereiten und begleiten. Eine solche Begleitung ist auch wichtig, denn mit der Einschulung eines Kindes verändert sich viel – sowohl für die Familie als auch für das Kind. Es beginnt ein neuer Lebensabschnitt, und wir wissen ja auch von uns selbst, daß solche Zeiten auf verschiedenen Ebenen Veränderungen hervorrufen. Es ist ja nicht nur so, daß das Kind nun seine Vormittage statt im Kindergarten im Schulgebäude verbringt. Es verändert sich viel, vor allem wenn das Kind zuvor keinen Kindergarten besucht hat. Dann ist es jetzt häufig zum ersten Mal regelmäßig für einige Stunden von zuhause und von der Mutter fort. Das erfordert ein größeres Maß an Selbständigkeit: Es muß auf die Nähe einer vertrauten Bezugsperson verzichten, und zugleich muß es sich auch in einer neuen Umgebung mit vielen neuen Regeln zurechtfinden und sich mit neuen Anforderungen auseinandersetzen:

- Es muß neue Beziehungen zu den anderen Kindern aufbauen und versuchen, daraus auch Freundschaften entstehen zu lassen.
- Es muß seinen Platz in der Klassengemeinschaft finden, und sich in der Hierarchie und dem Machtgefüge der Klasse zurechtfinden.
- Die meisten Kinder müssen auch damit umgehen lernen, daß einige Kinder sie ablehnen und mit ihnen nichts zu tun haben wollen.
- Der Lehrer oder die Lehrerin kann sich nicht immer um jedes Kind zugleich kümmern – das muß auch erst einmal verdaut werden.
- Die Lehrkraft hat häufig auch andere Vorstellungen und Normen als die Eltern zuhause – welche gelten nun wann und warum?
- Manchmal schimpft die Lehrerin oder der Lehrer bei Sachen, die zuhause toleriert werden, manchmal ist es auch anders herum – was darf man nun, und was nicht?
- In der Schule soll das Kind plötzlich längere Zeit still sitzen, und sich den Regeln unterwerfen, die das Arbeiten in der großen Gruppe ermöglichen.

- Es muß damit umgehen lernen, daß es bestimmte Leistungen in einer bestimmten Form bringen muß und daß dies nun an bestimmten – für das Kind gewöhnlich nicht durchschaubaren – Maßstäben gemessen wird.
- Das Kind spürt, daß das, was es in der Schule leistet, irgendwie ungeheuer wichtig ist, und daß die Eltern erwarten, daß es das schafft. Wofür das nun so wichtig ist, kann es noch nicht überblicken – auch wenn es ihm erklärt wird. Aber klar ist: wenn es nicht zurechtkommt, passiert irgendetwas Schreckliches ...

Auch das Selbstbild des Kindes verändert sich: So lange hat es gehört: »Wenn Du erst ein großes Schulkind bist ...«, und es hat die Großen bewundert, die da morgens mit gepackter Schultasche abzogen. Wenn es nun selbst so weit ist, stellt sich die Frage: Was heißt das denn jetzt, ein Schulkind zu sein? Erste Fragen zur Identität tauchen auf – und werden bei allen weiteren Lebensabschnitten, bei den weiteren Übergängen im Lebenslauf wieder erneut gestellt werden. Die damit einhergehenden Versuche, sich zu orientieren, neues Verhalten auszuprobieren, Unsicherheiten und Irritationen auszugleichen, zeigen sich auf verschiedene Weise.

Aber auch für die Familie verändert sich einiges mit dem Schulbeginn, vor allem beim ältesten Kind. Während die Kindererziehung bis dahin noch eine weitgehend private Angelegenheit war, mischt sich jetzt der »Staat« ein. Auch die Eltern müssen jetzt vorgegebene Anforderungen erfüllen, z.B. daß das Kind regelmäßig und pünktlich in der Schule erscheint und seine Hausaufgaben erledigt. Die Eltern vermuten auch, daß das Kind bestimmte Fähigkeiten mit in die Schule bringen sollte; die Frage ist nur: welche?

Auch Eltern geraten unter »Einschulungsstreß«, wenn sie sich sorgen, ob das Kind auch ausreichend vorbereitet ist. Akzeptieren Sie ruhig die neuen Regeln, Verhaltensweisen und Anregungen, die das Kind von der Schule mit nach Hause bringt. Es merkt deutlich, daß das, was die Eltern meinen und tun, nicht unbedingt die einzig mögliche Wahrheit ist.

Der natürliche und wichtige Prozeß, bei dem die Eltern langsam, aber sicher »entthront« werden, geht in eine neue, unter Umständen heftige Phase. Bei diesen ganzen Anforderungen ist es wohl kaum verwunderlich, wenn sich viele Kinder im ersten Schuljahr schwertun. Die Voraussetzungen, die die Kinder mitbringen, sind auch extrem unterschiedlich. Manchen Kindern fällt es leicht, sich in der Klasse mit den vielen neuen Gesichtern zurecht zu finden, tun sich jedoch schwer damit, ruhig zu sitzen und sich zu konzentrieren. Für andere wiederum ist dies überhaupt kein Problem, sie schaffen es jedoch nicht, einigermaßen laut und deutlich zu antworten, wenn sie etwas gefragt werden.

> Jedes Kind ist unterschiedlich und hat andere Fähigkeiten und Stärken entwickelt als seine Klassenkameraden. Im Laufe der ersten beiden Schuljahre müssen sich die Fähigkeiten der Kinder untereinander in etwa angleichen und alle Kinder müssen einiges dazulernen.

Für manche Kinder ist die Umstellung und die damit verbundenen Anforderungen aber zu schwierig. Den Eltern wird dann empfohlen, dem Kind noch etwas mehr Zeit zu lassen und einen Schulkindergarten zu besuchen, der das Kind gezielt auf die erste Klasse vorbereitet.

Wie können Eltern ihrem Kind bei der Einschulung helfen?

Dorothea ist ein zartes, sensibles, empfindsames Kind. Es war damals schon nicht einfach für sie gewesen, sich an den Kindergarten zu gewöhnen. Die ersten Tage konnte sie sich nur schwer und unter Tränen von ihrer Mutter trennen, und auch bei allen späteren leichten Spannungen in der Kindergruppe oder in der Familie reagierte sie mit Bauchweh. Jedoch war das mit der Zeit weniger geworden.
Zu Beginn ihrer Schulzeit, auf die sie sich sehr gefreut hat, weil

sie endlich ein »großes Schulkind« sein wollte, traten die Bauchschmerzen wieder öfter auf. Dorothea weinte dann oft morgens,
und erklärte, sie könne nicht zur Schule gehen. Die Frage, ob denn
in der Schule etwas nicht in Ordnung sei, verneinte sie. Es seien
nur die Bauchschmerzen. Irritiert ging ihre Mutter mit ihr zur Kinderärztin, obwohl sie sich (fast) sicher war, daß es sich um »seelische Bauchschmerzen« handelte. So war es denn auch. Aber die
Kinderärztin gab Dorotheas Mutter einige gute Ratschläge: Zum
einen solle sie ihre Tochter jetzt viel loben, mit ihr Spiele machen
oder ihr Aufgaben übergeben, die sie auch ganz sicher bewältigen
könne. Es sei sehr wichtig, jetzt Dorotheas Gewißheit darin zu stärken, daß sie vieles schon richtig gut könne. Zum anderen solle sie

doch einmal ein Gespräch mit der Lehrkraft führen, und fragen,
wie ihre Tochter sich denn in der Schule mache.

Herr F., der Lehrer, erzählte, daß Dorothea in der Schule ein
sehr umgängliches, freundliches Kind sei. Sie sei immer sehr auf-
merksam bei der Sache und der bislang durchgenommene Stoff ma-
che ihr offenbar überhaupt keine Schwierigkeiten. Deshalb wunde-
re er sich oft darüber, wie verkrampft Dorothea arbeiten würden.
Sie sei so sehr darum bemüht, alles richtig und ordentlich zu ma-
chen, daß sie sich manchmal unnötig stark anspanne. Ein weiterer
kritischer Punkt sei, daß Dorothea sehr unsicher und zurückhal-
tend den anderen Kindern gegenüber sei. Frau B. ging nachdenk-
lich nach Hause: Auf der einen Seite war sie froh, daß ihre Doro-
thea im Großen und Ganzen recht gut zurecht kam, und der Lehrer
sie offenbar sehr gern hatte. Auf der anderen Seite war sie auch be-
unruhigt, daß Dorothea in der Schule so unsicher war – so kannte
sie ihre Tochter eigentlich nicht. Aber gut – zuhause sind Kinder oft
anders. Jedoch nahm sie sich vor, auch den anderen Rat der Kin-
derärztin zu berücksichtigen, um auf diese Weise das wackelige
Selbstbewußtsein von Dorothea noch zu unterstützen. Wie sie ihr
jedoch helfen sollte, mit den anderen Kindern leichter Kontakt zu
bekommen, wußte sie auch nicht so recht.

Viele Kinder reagieren mit Unsicherheiten und Irritationen auf die
große Umstellung, die die Einschulung bedeutet. Es lohnt sich auf
alle Fälle, darauf einzugehen, mit dem Kind darüber zu sprechen,
es zu beruhigen und die Lehrkraft um Rat und Hilfe zu bitten. Panik
ist jedoch nicht angebracht. Viele Eltern sehen schon die ganze
Schul- und Ausbildungslaufbahn ihres Kindes in den düstersten
Farben, wenn es anfangs noch schwierig ist. Das ist aber in den
meisten Fällen übertrieben und verschärft nur noch die Situation
des Kindes. Wichtig ist es, die Fähigkeiten des Kindes und seine Sicherheit und Gewißheit, mit den Veränderungen klarzukommen, zu
unterstützen.

– Eine gute Vorbereitung für die Schule ist auf alle Fälle der Besuch eines Kindergartens, einer Kindertagesstätte oder ähnli-

cher Einrichtungen. Hier lernt das Kind, regelmäßig für einige Stunden ohne die Mutter auszukommen, sich in einer größeren Gruppe zurechtzufinden und die dabei nötigen Regeln zu beachten.

– Bestärken Sie Ihr Kind, wenn es sich – wie die meisten Kinder – auf die Schule freut. Sätze wie »Wart nur ab, in der Schule werden sie Dir schon die Flötentöne beibringen« erschrecken und ängstigen ein Kind unnötig.

– Verdeutlichen Sie sich selbst, daß der Übergang in die Schule nicht einfach ist und versuchen Sie, ruhig und gelassen zu bleiben, wenn es anfangs vielleicht nicht so klappt, wie Sie es sich wünschen. Manche Kinder brauchen etwas länger für die Umstellung; Druck von seiten der Eltern macht es ihnen noch schwerer.

– Nehmen Sie sich Zeit und hören Sie zu, wenn das Kind von der Schule erzählt. Zeigen Sie Verständnis, anstatt den Druck, unter dem die Kinder in dieser Zeit stehen können, zu verstärken. Die Gewißheit, zuhause alles erzählen zu können und dort Verständnis und Anteilnahme zu finden, ist sehr entlastend und hilfreich.

– Sprechen Sie auch ruhig mit der Lehrerin oder dem Lehrer – nicht nur, wenn Ihnen etwas unklar ist oder Sie beunruhigt sind. Es ist sehr interessant, mit Menschen zu sprechen, die das eigene Kind in ganz anderen Situationen erleben. Auf diese Art und Weise kann man auch einen guten Kontakt zu der Lehrkraft herstellen, und das kann sich bei eventuell später auftretenden Problemen für alle Beteiligten positiv auswirken.

Tips zum Weiterlesen:

– Ingrid M. Naegele, Rosemarie Portmann, Peter Kalb (Hrsg.): Schulanfang (Beltz, 1988).

– Mira Lobe, Christina Oppermann-Dimow: Morgen komme ich in die Schule (dtv), ab 5 Jahre.

Schwierigkeiten, die in der Grundschule auftauchen können

Lernprobleme

Die größte Sorge ist bei den meisten Eltern, daß ihr Kind in der Schule nicht »mitkommt«, also die Anforderungen, die gestellt werden, nicht erfüllen kann. Gerade wenn in der Grundschule schon Probleme auftauchen, was soll dann erst später werden? Jedoch muß man bei solchen Sorgen von Eltern genau nachprüfen, was das denn heißt: »das Kind kommt nicht mit«. Häufig stellt sich dann heraus, daß das Kind einfach nicht beim vorderen Drittel der Klasse dabei ist, sondern »mittendrin«, sozusagen im Klassendurchschnitt. Und bei denjenigen Eltern, die ihr Kind als Klassenbesten am Gymnasium sehen möchten, bricht dann die Panik aus.

Aber es gibt sie ja auch – die Kinder, die es einfach nicht schaffen, bei denen die anfänglichen Schwierigkeiten im ersten Schuljahr nicht abklingen, sondern die Versetzung immer gefährdet ist, die auch mal das Klassenziel nicht erreichen, die auf die Sonderschule für Lernbehinderte überwiesen werden.

Sicherlich gab es auch in Ihrer Schullaufbahn bestimmte Fächer oder Zeiten, in denen Sie nicht zurechtkamen. welche Reaktionen hätten Sie sich von Eltern und Lehrern gewünscht?

Kinder, die mit Leistungsschwierigkeiten zu kämpfen haben – sei es nun, daß die Anforderungen der Schule wirklich zu hoch sind oder daß sie den Erwartungen der Eltern nicht entsprechen können – stehen häufig recht alleine da. Das Vertrauen zu dem Lehrer oder der Lehrerin ist aufgrund der Versagenserlebnisse häufig etwas angeknackst, das Kind traut sich dann nicht zu fragen, weil keiner merken soll, wie »dumm« es ist. Von den Eltern hören sie allzuoft, daß sie sich eben mehr anstrengen, mehr lernen, mehr konzentrieren müssen. Und somit haben Leistungsschwierigkeiten auch häufig ihre Folgen im psychosozialen Bereich. Viele Kinder zeigen, wenn die Belastung zu groß geworden ist, zu lange andauert und sie zuwenig Hilfe erhalten, Verhaltensauffälligkeiten.

Wie können Sie als Eltern Ihrem Kind bei Lernproblemen helfen?

– Lassen Sie das Thema »Schule« nicht das ganze Familienleben beherrschen. Immer wieder an Schwierigkeiten erinnert zu werden, kann einem Kind das Leben noch unnötig versauern.
– Lassen Sie das Kind von der Schule erzählen und ergreifen Sie ruhig hin und wieder seine Partei, z.B.: »Die Frage war ja wirklich gemein schwer!« Zuhause Rückhalt und Solidarität zu finden ist eine schöne Erfahrung.
– Fragen Sie auch nach anderen Themen, nicht nur nach den schulischen Leistungen. Auch die schwachen Schüler haben Erlebnisse in der Schule, die ihnen Spaß machen, z.B. Streiche aushecken, Sport oder die Spiele in der Pause. Die erfreulichen Erlebnisse in der Schule sollten auch bei den Erzählungen zuhause eine Rolle spielen, damit sie zum einen für das Kind deutlicher wahrnehmbar sind, zum anderen lockern sie auch das Gespräch zuhause auf (was oft nötig ist).
– Besprechen Sie mit Ihrem Kind, wie, wann und wo es am Besten für die Schule arbeiten kann. Jeder Mensch hat diesbezüglich andere Strategien, Vorlieben und Schwächen, und auch Ihr Kind muß – mit Ihrer Unterstützung – ausprobieren, auf welche Art es am leichtesten lernt.
– Legen Sie die Zeit für das schulische Arbeiten fest und begrenzen Sie diese Zeit auf ein vernünftiges Maß. Stehen Sie nach Möglichkeit für Fragen zur Verfügung, aber lassen Sie das Kind allein und selbständig arbeiten.
– Besprechen Sie mit der Lehrerin oder dem Lehrer, ob, was und

wie noch zusätzlich geübt werden muß. Und auch hier gilt: Weniger ist oft mehr. Häufig ist es wichtiger, nur ein wenig zusätzlich zu arbeiten, aber dem Kind noch Spaß und Lust am Lernen zu ermöglichen.
– Zeigen Sie Interesse für die Inhalte des Unterrichts.

Auch wenn es relativ wenige Kinder sind, um deren schulische Laufbahn man sich ernsthaft Gedanken machen müßte, können die Beobachtungen von Eltern wichtig sein. Alle Kinder zeigen Leistungsschwankungen, und es ist oft aufschlußreich, sie zu beobachten und nach Gründen zu suchen. Diese können vielfältiger Art sein:

● *Tobias macht sich große Sorgen, ob seine Eltern sich vielleicht trennen. Darüber denkt er oft nach, wenn er eigentlich lernen sollte.*
● *Vor Christine's Fenster ist seit einigen Wochen eine Baustelle, die viel interessanter ist als das Lesebuch – und auch sehr laut.*
● *Robert schleppt seit Monaten wechselnde Infektionen mit sich herum, die ihn einfach müde machen.*
● *Carmen kann einfach nicht rechnen, wenn die Eltern nebenan streiten – auch wenn sie ihre Stimmen dämpfen.*

Vorübergehende Konzentrationsschwächen und Leistungsschwankungen können Ursachen haben, denen man nachgehen sollte. Aber zugleich ist auch klar: alle Menschen haben gewisse Unterschiede in ihrer Leistungsfähigkeit – natürlich auch Kinder. Und wenn man Kinder und Jugendliche nicht zu Arbeitsmaschinen und Robotern erziehen will, sollte man ihnen die natürlichen Schwankungen auch lassen.

Tips zum Weiterlesen:

– Mary MacCracken: Charlie, Eric und das ABC des Herzens. Über Kinder mit Lernproblemen (Scherz-Verlag, 1990).
– Boy Lornsen: Nis Puk. Mit der Schule stimmt was nicht (Oetinger, 1988), ab 7 Jahre.

Hausaufgabenterror

In vielen Familien spielen sich Nachmittag für Nachmittag drama-
tische und zermürbende Szenen ab: Das Theater um die Hausaufgaben. So z.B. zwischen Rebecca und ihrer Mutter:

*Kaum kommt Rebecca, die die dritte Grundschulklasse besucht,
nach Hause, geht es schon los: Die Schultasche fliegt in die Ecke,
die Mutter schimpft deswegen und fragt dann, was sie denn an
Hausaufgaben aufhabe. Von Rebecca kommt keine Antwort, stattdessen fliegt die Zimmertür laut krachend zu. Der Nachmittag hat
schon wieder gut angefangen ... Nach dem Mittagessen verbringen
beide dann tatsächlich zwei Stunden am Küchentisch, manchmal
auch länger, mit den Aufgaben – mit Weinen und Schimpfen, Trösten und Ermuntern, Verweigern und Hoffen. Jeden Tag ein Riesen-*

aufwand für Mutter und Tochter für Aufgaben, die auch in einer halben Stunde zu erledigen gewesen wären. Rebecca's Mutter weiß nicht mehr weiter.

> Die Hausaufgaben in der 1. und 2. Klasse sollen nicht mehr als eine halbe Stunde in Anspruch nehmen, in der 3. und 4. Klasse nicht mehr als eine Stunde.

Solange können die meisten Kinder auch gut arbeiten, ohne daß sie überanstrengt werden und daß genug Zeit zum Spielen bleibt. Bei vielen Kindern jedoch dauern sie erheblich länger. Manchmal liegt der Grund darin, daß die Lehrkraft den Umfang der Hausaufgaben nicht richtig einschätzt. Das können Eltern herausfinden, wenn sie sich mit anderen Eltern verständigen und eventuell an einem Elternabend diese Frage stellen. Die meisten Lehrerinnen und Lehrer werden einen solchen Hinweis dankbar annehmen.

Häufig ist der Grund für die langwierigen Hausaufgaben jedoch, daß ein Kind noch nicht gelernt hat, selbständig zu arbeiten. Selbständiges Arbeiten bedeutet, daß ein Kind sich selbst die Zeit einteilt, sich selbst dizipliniert, selbst nach Lösungen sucht, sich auch durch ein paar ratlose Minuten nicht frustrieren läßt ... Diese Anforderungen sind recht groß.

Kinder brauchen anfangs (und immer wieder) Unterstützung und Hilfestellung, um die nötigen Fähigkeiten dafür zu erwerben.

Wie können Sie ihrem Kind dabei helfen?

– Legen Sie den Schwerpunkt darauf, daß Sie dem Kind beim selbständigen Arbeiten helfen; das heißt: nicht unbedingt direkt bei den Hausaufgaben.
– Helfen Sie ihrem Kind dabei, den richtigen Arbeitsplatz zu finden. Wichtig ist, daß der Platz relativ ruhig ist und nicht zu sehr ablenkt. Aber ob ein Kind besser in seinem Zimmer mit angelehnter Tür, oder im Wohnzimmer lernen kann, wo z.B. weniger

Spielzeug ist oder Ihre bloße Anwesenheit hilfreich ist, muß das Kind erst ausprobieren.

- Stehen Sie nach Möglichkeit für Fragen zur Verfügung – aber setzen Sie sich nicht die ganze Zeit neben das Kind an den Schreibtisch. Das verleitet das Kind leicht dazu, die Verantwortung für die Hausaufgaben in Ihre Hände zu legen, oder es passiert dann schneller, daß Sie ordnend oder strukturierend eingreifen, obwohl das Kind alleine zurechtgekommen wäre.
- Legen Sie gemeinsam mit dem Kind Arbeitszeiten fest, aber auch hier muß es erst ausprobieren können, wann es am besten lernen kann. Manche Kinder erledigen die Aufgaben gleich nach der Schule, noch vor dem Mittagessen, weil sie noch alles von der Schule in Erinnerung haben und dann den Nachmittag ganz frei haben. Andere Kinder hingegen brauchen erstmal eine Pause.

Tips zum Weiterlesen:

- Britta Kohler: Hausaufgaben (Beltz, 1989).
- Norbert Eickmann, Wolfgang Endres, Heinrich Janak: Lernen mit Kniff und Pfiff (Beltz, 1990), ab 9 Jahre.
- Wolfgang Endres, Dirk Althoff: Das Anti-Panik-Buch. Lerntricks für Schüler (Beltz, 1988), ab 12 Jahre.

»Schwierige Kinder« in der Grundschule

Die ganze Klasse brüllt fast vor Lachen. Herr Z. jedoch, der Lehrer, macht einen reichlich genervten Eindruck. Und Sibylle grinst – hat sie's doch wieder geschafft, alle zum Lachen zu bringen. Das ist ihre Spezialität. Und in der Pause werden ihr wieder einige ihrer Mitschüler auf die Schulter klopfen. Und das tut schon gut. Ja , wenn sie so schlau wäre wie Jonas, oder so hübsch wie Nurgun, dann würden ihr auch die Erwachsenen etwas Nettes sagen. Und daß das bei ihr nicht der Fall ist, tut schon sehr weh... Dagegen hilft nur eins: irgendwelchen Blödsinn machen. Dann gibt's Beifall

von der Klasse und es schmerzt nicht mehr so sehr, daß sie nie ge-
lobt wird.

Die Rolle des Klassenkaspers ist eine von verschiedenen Möglichkeiten, wie sich soziale Schwierigkeiten von Kindern darstellen.
Sibylle selbst sieht sich dabei nicht als schwierig an, aber den Lehrer kostet es sehr viel Geduld, um bei ihren »Auftritten« nicht die
Nerven zu verlieren. Andere Auffälligkeiten im Sozialverhalten
sind vorlautes und aggressives Verhalten, Diebstähle, Zerstörungs-
wut, aber auch sehr zurückgezogenes, ängstliches Verhalten, die
Isolation in einer Gruppe oder wenn das Kind von Gleichaltrigen
abgelehnt wird.

Jedes Kind zeigt einmal die eine oder andere dieser Verhaltensweisen, z.B. wenn es in einer Situation oder einer Gruppe neu und
noch unsicher ist. Wenn dies jedoch ein Dauerzustand ist, ist es ein
Zeichen dafür, daß ein Kind mit sozialen Situationen, also der Be-
gegnung mit anderen Menschen, nicht sicher umzugehen weiß.

Die möglichen Gründe dafür können sehr vielfältig sein, und
häufig spielen wieder verschiedene Faktoren zusammen. Manchmal ist die Situation in der Klassengemeinschaft sehr schwierig;

eine aus mehreren Gruppen zusammengewürfelte Klasse kann z.B. sehr irritiert sein, und läßt ihre Spannungen an den schwächsten Kindern ab. Viele sogenannte »Elternkinder« haben es sehr schwer im Kontakt mit Gleichaltrigen. Diese Kinder übernehmen schon sehr früh zuviel Verantwortung und Aufgaben, denen sie nicht gewachsen sind, orientieren sich stark an den Erwartungen und Vorstellungen von Erwachsenen. In der Klasse gelten sie dann häufig als »Petzen« und werden aufgrund ihres altklugen Verhaltens abgelehnt. Viele Kinder haben kaum Erfahrung im Umgang mit anderen Kindern, vielleicht weil sie keine Geschwister haben, keine Kinder in der Nachbarschaft leben und sie keinen Kindergarten besuchten. Manche dieser Kinder zeigen ihre Unsicherheit direkt und stehen schüchtern daneben, wenn andere spielen. Andere hingegen versuchen ihre Unsicherheit zu überspielen, indem sie aggressiv oder vorlaut werden.

Wie erleben Sie Ihr Kind in neuen und fremden Situationen? Zeigt es seine Unsicherheit direkt oder überspielt es sie? Wie genau macht es das?

Meistens sind die schwierigen Kinder jedoch noch anderen Belastungen ausgesetzt, wie z.B. Sybille dem häufigen Versagen in den schulischen Leistungen. Gerade Probleme mit den Leistungsanforderungen, den eigenen Ansprüchen und denen der Eltern tragen häufig dazu bei, daß das Selbstbild des Kindes und sein Selbstbewußtsein erschüttert wird. Und das wirkt sich natürlich auch auf die Kontakte mit den Klassenkameraden aus – sei es, daß das Kind nun wirklich »auf die Pauke« haut, oder daß es sich depressiv in sich selbst zurückzieht.

Sebastian, Schüler der dritten Klasse, macht seiner Lehrerin Frau S. große Sorgen. In jeder Pause ist er in ziemlich wüste Raufereien verwickelt und überschreitet dabei alle Grenzen des Spiels und der Fairneß. Tobend vor Wut zittert er oft noch, wenn er von den Lehrkräften aus so einer Keilerei herausgezogen wird, und die anderen Kinder zeigen inzwischen deutliche Angst vor ihm. Auch während des Unterrichtes schlägt er wegen jeder Kleinigkeit um sich. An der Schule ist man ratlos. Seine Leistungen im Unterricht sind recht passabel, sodaß man diesbezüglich einen Zusammenhang ausschließen kann. Die Lehrerin Frau S. bitte Sebastian's Mutter in die Sprechstunde, um ihr von dem Verhalten ihres Sohnes zu erzählen und um sie um Rat zu bitten, wie sie die Ursachen für Sebastian's Verhalten finden könne. Sebastians Mutter erschrickt sehr, als sie hört wie ihr Sohn sich seit einigen Monaten in der Schule benimmt. Auch zuhause ist er seit geraumer Zeit schwierig, aggressiv und launisch – aber so schlimm wie in der Schule ist es bei weitem nicht. Und dann erzählt sie von den Veränderungen in der Familiensituation, die Sebastian's Verhalten in einem neuen Licht erscheinen ließen: Die Eltern seien gerade dabei, sich zu trennen, und es gehe oft »heiß her«. Das Verhalten beider Partner sei oft unkontrolliert und aggressiv – auch die Kinder würden einiges abbekommen. Sie suche für sich und die Kinder verzweifelt eine Wohnung, da ihr Mann nicht bereit sei, die gemeinsame Wohnung zu verlassen – aber bei der derzeitigen Wohnungsnot ginge das nicht so schnell. Sie selbst würde auch gerade Sebastian gegenüber leicht die Nerven verlieren – aber er habe oft so eine erschreckende Ähnlichkeit mit seinem Vater, daß sie hin und wieder einfach rot sehe und dem Jungen bei geringen Anlässen eine Ohrfeige gebe.

Nicht immer sind Ursachen für psychosoziale Auffälligkeiten in der Schule so deutlich wie bei Sebastian. In den häufigsten Fällen sind die Ausgangsbedingungen für soziale Schwierigkeiten in der Klasse vielschichtig und komplex. Wenn die Auffälligkeiten der Kinder gravierend sind und längere Zeit andauern, sollten Eltern und Lehrer sich nicht scheuen, fachliche Hilfe von Erziehungsberatungsstellen und Schulpsychologischen Diensten zu nutzen. In vielen Fällen jedoch kann sich durch eine Zusammenarbeit von Eltern, Schule und dem betreffenden Kind einiges erheblich bessern.

- Sprechen Sie in Ruhe mit Ihrem Kind und fragen Sie, welche Kinder es mag und welche nicht, worüber es sich ärgert, was ihm Angst macht, was es verunsichert.
- Erzählen Sie Ihrem Kind, daß Sie selbst auch manchmal unsicher sind, wie sich das anfühlt und wie Sie sich dann verhalten. Gerade jüngere Kinder erleben die Eltern noch so, daß diese immer stark und überlegen sind. Es ist jedoch tröstlich zu wissen, daß die eigenen Eltern sich auch manchmal nicht auskennen und nicht wissen, was sie sagen sollen.
- Versuchen Sie, das Selbstbewußtsein Ihres Kindes zu fördern.
- Sprechen Sie mit dem Lehrer oder der Lehrerin, und versuchen Sie gemeinsam herauszufinden, wie die sozialen Fähigkeiten des Kindes unterstützt und gefördert werden können.
- Bei Kindern, bei denen aggressive Verhaltensweisen problematisch werden, kann es hilfreich sein, wenn das Kind auch eine andere Möglichkeit hat, seine Energien loszuwerden, z.B. bei Kampfsportarten wie Judo oder Fußball. Dort lernt es auch, diese Impulse konstruktiv umzusetzen und daß dabei auch Regeln einzuhalten sind.

Tips zum Weiterlesen

- Mirjam Pressler: Nickel Vogelpfeifer (Beltz, 1986), ab 8 Jahre.

Probleme des Übergangs von der Grundschule in weiterführende Schulen

Schon nach drei Jahren Grundschule müssen Eltern und Kinder in der Bundesrepublik überlegen, an welcher weiterführenden Schule sie sich orientieren wollen: an einer Hauptschule, einer Realschule, einem Gymnasium oder – in mehreren Bundesländern – einer Gesamtschule. Mit dem fünften Schuljahr treten die Schülerinnen und Schüler aus der bis dahin vertrauten Umgebung der Grundschule aus und in ein völlig neues Schulsystem ein. Obwohl in den letzten Jahren immer wieder beklagt worden ist, wie früh dieser Zeitpunkt für eine so wichtige Entscheidung ist, haben sich Alternativen zum heutigen System doch nicht durchgesetzt. Die meisten anderen Industrieländer kennen eine so frühe Weichenstellung nicht. Eigentlich sollte mit der Schulreform von 1966 die Entscheidung für eine weiterführende Schule erleichtert werden. In allen Bundesländern wurde die Durchlässigkeit zwischen den verschiedenen Schulformen der Mittelstufe erhöht und es wurde auch der rechtliche Rahmen für die Schulabschlüsse angeglichen.

Heute kann man an jeder Schulform der Sekundarstufe I den qualifizierenden Abschluß nach 10 Jahren Schulzeit erwerben, der auf dem Arbeitsmarkt einheitlich anerkannt wird. Dieser qualifizierte Abschluß ist, wenn er ein bestimmtes Leistungsniveau erreicht, auch die Voraussetzung zum Besuch jeder gymnasialen Oberstufe in der Bundesrepublik.

Doch die Idee, mit dieser Angleichung die Schulauswahl nach der Grundschule für Eltern und Kinder zu entspannen, hat sich nicht umsetzen lassen. In Wirklichkeit sind die erheblichen Prestigeunterschiede zwischen den verschiedenen Schulformen erhalten geblieben, sie haben sich wahrscheinlich sogar noch weiter verschärft. Es sind vor allem die Realschule und – noch stärker – das Gymnasium, die in den letzten 20 Jahren immer stärker nachgefragt worden sind. Die Eltern versuchen, das bestmögliche Bildungsangebot für die eigenen Kinder herauszuholen. Dabei haben sie ganz offensichtlich eindeutige Rangordnungen der verschiedenen Schulformen im Kopf, die sich nach dem vermuteten Prestige und vielleicht auch der Qualität des Angebotes richten. Diese Entwicklung hat dazu geführt, daß die Hauptschule, die noch in den 50er Jahren in der Bundesrepublik eindeutig dominierte, rasant an Attraktivität verloren hat. Dagegen hat das Gymnasium immer mehr an Boden gewonnen.

Die Ursache ist eindeutig: Die Rolle des Abiturs hat in der Wunschvorstellung der Eltern in den letzten Jahren eine deutliche Aufwertung erfahren.

Auf die Frage an Eltern, welchen Schulabschluß sie sich für ihr Kind wünschen, ergab sich 1989 folgendes Bild: Deutlich über 50% wünschen das Abitur, etwa 40% einen mittleren Abschluß und nur 10% den Hauptschulabschluß.

Diese starke Orientierung am Abitur führt wahrscheinlich dazu, daß besonders das Gymnasium und die Gesamtschule in den nächsten Jahren kräftige weitere Zusatzraten erzielen werden. Wie ist das bei Ihnen? Welchen Schulabschluß wünschen Sie sich für Ihr Kind?

In dieser Entwicklung liegen für Eltern erhebliche Probleme und Unsicherheiten. Eltern werden manchmal geradezu dazu gezwungen, mit offenem oder unterschwelligem Druck auf gute Schulerfolge und glatte Schullaufbahnen ihrer Kinder hinzuarbeiten. Sie schätzen die Entwicklung am Arbeitsmarkt ja durchaus richtig und realistisch ein, wenn sie davon ausgehen, daß in Zukunft ein hochwertiger Schulabschluß die Voraussetzung für einen anspruchsvollen Beruf sein wird. Im Zweifelsfall entscheidet man sich als Eltern für den sichersten Weg zu einem vielfach verwertbaren und prestigehohen Schulabschluß, also für das Gymnasium.

> Ob das Gymnasium auch wirklich das richtige pädagogische Programm für das eigene Kind anbietet, das rückt für Eltern als Gesichtspunkt dabei oft schnell in den Hintergrund, und die Anforderungen an das Kind werden zuviel. Prüfen Sie deshalb genau, welche pädagogischen Hilfen eine Schule wirklich anbietet.

Die Eltern spüren, daß ihre eigenen Kinder in ihrer Schullaufbahn mehr schaffen müssen als sie selbst, wenn die Kinder unter heutigen Bedingungen eine Berufslaufbahn einschlagen wollen, die der der Eltern zumindest ebenbürtig ist. Eltern brauchen gar nicht aufstiegsorientiert zu sein, um zu erkennen, daß der Besuch von Realschule und Gymnasium heute zum Teil schon Voraussetzung dafür geworden ist, um überhaupt beim Wettbewerb um anspruchsvolle Ausbildungsplätze mithalten zu können. Die Konsequenz: An den Realschulen und Gymnasien sind heute im Durchschnitt zu über einem Drittel Kinder, deren Eltern diese Schulformen nicht besucht haben und aus Karrieregründen auch gar nicht besuchen brauchten. Ein großer Anteil der Kinder sind heute, so gesehen, bildungsmäßige soziale Aufsteiger, mit all den Unsicherheiten und Irritationen, die eine solche Situation mit sich bringt.

Diese Ausgangssituation führt aber zu einer erheblichen Nervosität und Unruhe in der Entscheidungssituation am Ende der Grundschule. Eltern und Kinder spüren, daß eine für das spätere Leben wichtige Weichenstellung erfolgt.

Auch wenn die Eltern um die rechtliche Gleichwertigkeit der verschiedenen Bildungsgänge in den unterschiedlichen Schulformen der Sekundarstufe I wissen, möchten sie doch – prestigemäßig und von den späteren Umsetzungschancen her gesehen – nicht den kürzeren ziehen. Deshalb werden Überlegungen angestellt, ob es nicht im Zweifelsfall günstiger ist, auch dann den Weg zum Gymnasium oder zur Realschule einzuschlagen, wenn die bisherigen Schulleistungen eher knapp sind.

In welcher Lage befinden sich Schülerinnen und Schüler, Lehrerinnen und Lehrer und Eltern beim Schulwechsel?

Die Schülerinnen und Schüler haben sich vier Jahre lang an ihre Grundschule gewöhnt und sich eingelebt. Sie hängen an ihren Mitschülern und auch an ihren Lehrerinnen und Lehrern. Die Grundschulen haben sich in den letzten Jahrzehnten in der Bundesrepublik zu pädagogisch sehr sensiblen Schulen gewandelt, die zunehmend auf die Entwicklungsbedürfnisse der Kleinen eingegangen sind. Das spüren die Kinder und es baut sich in ihnen Angst und Sorge auf, wie es nach dem Wechsel weitergehen wird.

> Viele Viertkläßler haben Angst vor der neuen Schule, vor den fremden Mitschülern und fremden Lehrern, vor den ungewohnten Lernformen und Leistungsanforderungen.

Sie wissen, daß sie sich auf völlig neue Unterrichtsstrukturen und andere soziale Beziehungen einrichten müssen. In der Grundschule sind sie im vierten Schuljahr die Großen und Erfahrenen, in der weiterführenden Schule werden sie die Kleinen sein. Sie müssen ganz von unten im Aufbau ihrer sozialen Beziehungen anfangen und fürchten sich – die Untersuchungen zeigen: zu Recht – vor den Übergriffen und Hänseleien der Älteren. Erfahrungen zeigen, daß sich die Schüler nach dem Übergang an das Fachlehrerprinzip recht schnell gewöhnen, wenn es in der 5. und 6. Klasse nicht übertrieben wird. Die Ängste der Schüler im Blick auf die Kontakte zu älteren Schülern an der neuen Schule werden allerdings leider meist bestätigt. Viele Schülerinnen und Schüler sind auch an der Grenze ihrer Kontaktbereitschaft und ihrer Anpassungsfähigkeit, was die Neuorientierung im völlig neu zusammengesetzten Klassenverband betrifft. Außerdem beklagen sie die im Vergleich zur Grundschule meist lieblosen Klassenzimmer und Schulhöfe. Wichtig ist also: Die Angst der Viertkläßler vor dem Übergang ist groß, sie ist mit Sicherheit fast genauso groß wie die Angst vor dem ersten Schultag bei Eintritt in die Grundschule.

Haben Sie Erinnerungen daran, wie für Sie als Kind der Übergang war? Welche Hilfen hätten Sie sich gewünscht?

Die Lehrerinnen und Lehrer an der Grundschule sehen dem Wechsel ihrer Kinder ebenfalls mit einer inneren Anspannung entgegen. Sie wissen, daß sie an der weiterführenden Schule am Erfolg ihrer Schülerinnen und Schüler gemessen werden. Nicht überall klappt die Zusammenarbeit zwischen Grundschulen und weiterführenden Schulen gut. Deshalb sind die Lehrerinnen und Lehrer der Grundschule manchmal völlig im Ungewissen, welche Arbeitsschwerpunkte, Inhalte und Themen sie zur Vorbereitung auf den Übergang auswählen sollen. Für die Lehrerinnen und Lehrer an den weiterführenden Schulen ist es ebenfalls eine Herausforderung, wenn sie die Neuankömmlinge aufnehmen. Die meisten Schulen bemühen sich heute um eine gute pädagogische Organisation der Eingangsstufe und sorgen für ein gutes Startprogramm.

Die Eltern begleiten den Übergang ihrer Kinder mit großer innerer Anteilnahme. Sie verfolgen die ersten Schritte mitunter mit viel zu starker direkter Beteiligung, so daß sie den Druck, der auf ihren Kindern lastet, eher noch verschärfen.

Welche pädagogischen Möglichkeiten zur Erleichterung des Übergang gibt es?

In allen Bundesländern sind die ersten beiden Schuljahre der weiterführenden Schulen, also das 5. und 6. Schuljahr, als Erprobungsstufe konzipiert. Damit soll die weiterführende Schule die Einordnung der neuen Schüler erleichtern und besondere Bemühungen für die Neuankömmlinge unternehmen. In dem nordrhein-westfälischen Erlaß des Kultusministers heißt es dazu:

»Die beiden Klassen der Erprobungsstufe bilden eine pädagogische Einheit. Ihre Besonderheit gegenüber den folgenden Klassen der weiterführenden Schule besteht darin, daß die Arbeit unmittelbar an die Arbeitsergebnisse und Arbeitsweise der Grundschule anknüpft, sich ohne Bruch, allmählich und organisch von ihr löst und in steigendem Maße zu der betreffenden weiterführenden Schule eigentümlichen Arbeitsweise hinführt (...) Dabei sollen die in der

Grundschule gepflegten und erworbenen Kräfte und Fähigkeiten
nutzbar gemacht und im Rahmen der neuen Schulform lebendig er-
halten und weiterentwickelt werden; es muß aber auch erprobt wer-
den, wieweit bei dem Schüler neue Kräfte und Fähigkeiten, die für
die betreffende weiterführende Schule unerläßlich sind – unter Be-
achtung der jugendpsychologischen Erkenntnisse über die Ent-
wicklungsphase der Schüler – geweckt und ansatzweise entfaltet
werden können. Erst mit Vollendung dieses Prozesses ist der Über-
gang abgeschlossen«.

In diesem Erlaß werden auch Vorschläge unterbreitet, wie dieses
wichtige Ziel erreicht werden kann. Vor allem wird darauf hinge-
wiesen, daß die Lehrer der Erprobungsstufe mit den Lehrern der
Grundschulen Verbindung halten sollen. Um die Erprobungsstufe
zu einer pädagogischen Einheit zu verbinden, gehen alle Schüler
von Klasse 5 in Klasse 6 ohne eine Versetzung über. Der Unterricht
soll möglichst auf wenige Lehrer verteilt werden, wobei der Klas-
senlehrer oder die Klassenlehrerin in mindestens zwei Fächern un-
terrichten soll. Auch auf den Kontakt mit den Eltern wird in diesem
Erlaß sehr großes Gewicht gelegt.

»Die Arbeit in der Erprobungsstufe muß so angelegt sein, daß sie
ohne besondere Beanspruchung des Elternhauses zum Ziele führt.
Es ist Aufgabe der Schule, die Schüler das richtige Arbeiten zu leh-
ren. Der Lehrer muß Hausaufgaben und Klassenarbeiten so stellen
und den Unterricht so weit vorbereiten, daß ein für die Anforderun-
gen der betreffenden Schulform ausreichend begabter Schüler sie
aus eigener Kraft bewältigen kann.«

Hier haben wir einmal einen pädagogisch sehr sinnvollen Erlaß vor
uns, der es verdient hat, in allen seinen einzelnen Schritten sorgfältig umgesetzt zu werden. Im Sinne dieser Empfehlungen des Kultusministers und teilweise auch darüber hinausgehend haben viele
Schulen sehr gute Erfahrungen mit einer intensiven Kooperation
gemacht. In den Grundschulen hat es sich bewährt, die Schulwahl-
entscheidung zumindest im vierten Schuljahr zu einem ausdrückli-

chen Thema zu machen, das innerhalb der Schule und auch in der Elternarbeit eine große Rolle spielt. Wichtig ist es, an der Grundschule Informationen über die möglichen weiterführenden Schulen zu sammeln, persönliche Kontakte zu knüpfen, Schul- und Unterrichtsbesuche vorzubereiten und die Schüler und Eltern auf den Übergang vorzubereiten.

Was können Sie als Eltern tun?

Was ist für die Eltern also, wenn wir alle diese Aspekte und Gesichtspunkte bedenken, besonders zu beachten? Wir möchten sechs Punkte herausstellen, die wir für besonders wichtig halten:

- Beobachten Sie die Stärken und Schwächen Ihres Kindes und lassen Sie sich vor allem auf dessen eigene Wünsche ein. Nichts ist gefährlicher, als elterliche Wünsche und Zielvorstellungen dem Kind aufzustülpen. Über kurz oder lang kommt es zu erheblichen Spannungen mit dem Kind und zu Mißverständnissen und Konflikten.
- Sprechen Sie mit Ihrem Kind selbst und mit anderen Personen in Familie, Verwandtschaft, Bekanntenkreis und Nachbarschaft offen über die Neigungen, Fähigkeiten, Interessen und Möglichkeiten des Kindes unterhalten. Gehen Sie also nicht nur von Ihrer eigenen persönlichen Einschätzung aus, sondern sammeln Sie auch die Stimmen anderer. Am Schluß kann Sie niemand von der starken Verantwortung für die Übergangsentscheidung entlasten, doch auf dem Weg dahin können Sie den Rat von möglichst vielen anderen Personen einholen.
- Berücksichtigen Sie, daß das Kind einen Freundeskreis braucht. Wenn es möglich ist, daß mehrere Kinder aus der Grundschulklasse an eine weiterführende Schule gehen, dann ist es für das Kind meist eine große soziale Entlastung. Denn nun fühlt es sich im neuen Klassenverband nicht als alleiniger Neuling, sondern hat eine kleine Gruppe um sich herum. Auf Elternabenden in der Grundschule kann man über solche Möglichkeiten der Abstimmung gut sprechen.

– Denken Sie auch an die Wege und Entfernungen, die mit dem Schulwechsel verbunden sind. Nur in Ausnahmefällen ist es für ein Kind sinnvoll, einen langen Schulweg in Kauf zu nehmen, um eine ganz bestimmte Schule zu besuchen. Meist bieten sich auch im Umfeld verschiedene Schulen an, die unterschiedliche Vorteile und Nachteile haben. An diese Schulen sollte man zuerst denken, bevor man die für die Kinder doch sehr anstrengenden Schulwege zu lang werden läßt.

– Suchen Sie das Gespräch mit Grundschullehrerinnen und -lehrern, und zwar mit mehreren von ihnen. Die Pädagogen haben sich ja immerhin eine lange Zeit mit dem Kind beschäftigt und können wichtige Hinweise geben. Auch hier gilt: Die endgültige Entscheidung bleibt bei den Eltern, aber man sollte doch die Erfahrungen der Lehrerinnen und Lehrer mit berücksichtigen.

– Bedenken Sie, eine wie lange Schullaufbahn noch vor Ihrem Kind liegt, und berücksichtigen Sie deswegen: Die neue Schule soll Spaß machen. Es muß eine Schule sein, die wirklich im Einklang steht mit den Kräften und Möglichkeiten des Kindes, so wie sie sich zum Zeitpunkt der Entscheidung abzeichnen.

Die Entscheidung für den Übergang in eine weiterführende Schule ist schwierig, es ist eine Entscheidung mit sehr vielen Komponenten. Vielleicht ist das Allerwichtigste dieses: Die Entscheidung für den Übergang sollte nicht die Entscheidung einer einzelnen Person sein. Auf jeden Fall sollte das Kind mitentscheiden können. Ideal ist es, wenn es sich um eine gemeinschaftliche Entscheidung handelt, die von möglichst allen Familienmitgliedern getragen wird. Das hat auch später Vorteile: Erweist sich die Entscheidung als ungünstig, dann müssen die Konsequenzen auch von allen getragen werden, und das ist leichter, wenn alle beteiligt sind. Erweist sich die Entscheidung als günstig, dann haben alle Beteiligten auch einen positiven Anteil hieran.

Tips zum Weiterlesen:

– Wolfgang Endres, Elisabeth Bernard, Ulrike Hoernes, Helmut Sauter: Die beste Schule für mein Kind. Was kommt nach der Grundschule? (Beltz, 1988).

Mittelstufe: Vorbereitung auf den ersten Schulabschluß

Nachdem der anstrengende Übergang von der Grundschule in die weiterführenden Schulen bewältigt worden ist, kommen auf die Schülerinnen und Schüler nach wenigen Jahren neue Belastungen zu. Denn nach dem zehnten Schuljahr wird der »Mittlere Schulabschluß« erworben, der auch die »Eintrittskarte« für das Berufsleben darstellt. Dieser Abschluß sollte möglichst gut sein, womöglich auch für den Besuch der Oberstufe qualifizieren – darauf legen gerade auch die Eltern großen Wert.

Die Eltern begründen das vor allem mit ihren eigenen Erfahrungen am Arbeitsmarkt: Gerade Eltern, die selbst keinen höheren Schulabschluß hatten, spüren am eigenen Leibe, wie schwierig das berufliche Vorankommen ohne einen hochwertigen Abschluß heute ist. Diese Erfahrungen übertragen die Eltern auf die eigenen Kinder und leiten daraus die Regel ab: »Mein Kind muß einen formal so hochwertigen Schulabschluß wie irgendmöglich erwerben.« Und der hochwertigste Schulabschluß in der Bundesrepublik Deutschland ist nun einmal das Abitur. Dieser Schulabschluß hat sich als vielfach verwertbar erwiesen: Mit diesem Abschluß kann man anschließend eine berufliche Lehre aufnehmen, kann ein Studium einschlagen, kann erst eine berufliche Lehre aufnehmen und dann ein Studium beginnen – man kann im Grunde sämtliche denkbaren Laufbahnen in Ausbildung und Beruf erreichen. Das ist in dieser Form mit einem anderen Schulabschluß, etwa dem qualifizierten Abschluß nach 10 Jahren Schulzeit bzw. dem Realschulabschluß oder dem Hauptschulabschluß nicht möglich.

Der starke Erwartungsdruck, der von den Eltern auf Jugendliche in der Mittelstufe ausgeübt wird, kommt also nicht von ungefähr. Er wurde in den letzten Jahren durch die komplizierte Arbeitsmarktsituation weit verschärft. Die Jugendlichen, die das Schulsystem verließen, trafen während der gesamten 80er Jahre auf einen schrumpfenden Arbeitsmarkt. Zu Beginn der 90er Jahre sieht die Situation in den westdeutschen Bundesländern etwas günstiger, in den ostdeutschen Bundesländern aber weiterhin sehr trübe aus. Der Gesamteindruck wird bleiben: Der Arbeits- und Ausbildungsstellenmarkt ist – über die ganze Bundesrepublik hinweggesehen – spröde und anspruchsvoll. Angesichts dieser schwierigen Ausgangssituation bemühen sich die Eltern auf ihre Weise, eine gute Startposition für den eigenen Nachwuchs am Arbeitsmarkt zu sichern.

> Der Erfolg in der Schullaufbahn wird als eine entscheidende Vorbedingung dafür angesehen, daß der soziale Status der eigenen Familie erhalten wird.

Es ist ganz natürlich, daß Eltern von ihren eigenen Kindern wünschen, wenigstens in etwa die soziale Position halten zu können, die sie sich selbst im Laufe ihres Lebens erarbeitet haben. Um diese Position zu sichern, muß aber heute ein Jugendlicher ein formal höherwertiges Abschlußzeugnis in der Schule erreichen als die eigenen Eltern. Hier kommt es zu beträchtlichen Spannungen zwischen den Jugendlichen und ihren Vätern und Müttern. Denn die Jugendlichen spüren, wie sehr die Eltern sie unter Druck setzen, um gute Zensuren und Zeugnisse nach Hause zu bringen. Rückschläge in der Schullaufbahn gefährden die sozialen und beruflichen Zukunftserwartungen, die sich die Eltern für die eigenen Kinder zurechtgelegt haben. So kommt es, daß Klassenwiederholungen, Umstufungen von einem Gymnasium in eine Realschule oder von einer Realschule in eine Hauptschule und das Verfehlen eines erstrebten Schulabschlußzeugnisses als ernste und belastende Ereignisse von den Eltern eingestuft werden.

> Drohendes Schulversagen oder tatsächlich eintretende schulische Mißerfolge belasten das Klima in vielen Familien über einen sehr langen Zeitraum hinweg. Sie stellen eine Situation von »Dauerstreß« dar, an der alle Beteiligten schwer zu arbeiten haben.

Wie schätzen Sie die Situation Ihres Sohnes oder Ihrer Tochter ein? Wo ist sie oder er schulisch belastet und wie zeigt sich das?

In Untersuchungen an der Universität Bielefeld wurde in diesem Zusammenhang geprüft, wie stark sich Schülerinnen und Schüler in der Mittelstufe, also in den Jahrgängen zwischen 5 und 10, durch schulisches Leistungsversagen tatsächlich belastet fühlen. Sie stekken eine sich abzeichnende Klassenwiederholung oder ein tatsächlich erfolgendes »Sitzenbleiben« nicht so lässig weg, wie es von außen her erscheinen mag. Unter der Oberfläche einer anscheinend sehr »coolen« Bewältigung verbirgt sich ein erhebliches Maß von subjektivem Leiden. Und dieses Leiden hat letztlich seine Ursache in dem Gefühl, den elterlichen und damit auch den sozialen Stan-

Standards nicht gerecht geworden zu sein, die heute den Jugendlichen in der Mittelstufe entgegengehalten werden.

Die Studien zeigen, wie sehr die dauerhafte Bedrohung, das Klassenziel nicht zu erreichen und auch das tatsächliche Verfehlen des Klassenziels (Sitzenbleiben) psychisch, sozial und auch körperlich-gesundheitlich die Schülerinnen und Schüler belastet. Schülerinnen und Schüler, die über schulische Versagenserlebnisse berichten, zeigen z.B. psychosomatische Symptome wie Kopfschmerzen, Nervosität, Unruhe, Schwindelgefühl, Konzentrationsschwierigkeiten, Magenschmerzen und Schlaflosigkeit in einem deutlich höheren Maße als diejenigen, die sich keine Sorgen wegen der Schule machen müssen. Auch der Konsum von Tabak und Alkohol, die Einnahme von Medikamenten und der Konsum von schweren (illegalen) Drogen hängt deutlich mit der Belastung durch schulischen Mißerfolg zusammen. Dabei erweist sich die Situation als besonders belastend, über mehrere Jahre hinweg nur knapp an einem Sitzenbleiben vorbeigekommen zu sein. Das ist noch belastender als das tatsächliche Sitzenbleiben oder die sogenannte »Rückstufung« von einer prestigehöheren Schule (z.B. Gymnasium) an eine prestige-niedrigere (z.B. Realschule).

> Das tatsächliche Sitzenbleiben und die tatsächliche Rückstufung stellen zwar einen Schock dar, der aber nach kurzer Zeit verfliegt, weil sich die Jugendlichen leistungsmäßig neu fangen können. Schrammt man aber über mehrere Schuljahre hinweg haarscharf an der Grenze des Sitzenbleibens entlang, dann ist das eine erhebliche Beeinträchtigung für das eigene Leistungsbild und das Selbstwertgefühl.

Wie können Sie als Eltern Ihrem Kind die Situation erleichtern?

– Für Eltern ist es in dieser Situation wichtig, keinen mechanischen Druck auf Schulleistungen auszuüben, sondern sich für das zu interessieren, was das eigene Kind in der Schule macht.

– Die persönlichen Stärken und auch die persönlichen Schwächen müssen von den Eltern gesehen werden, sie dürfen nicht verdrängt und vertuscht werden, sondern sie müssen als Ausgangspunkt für die Lernfähigkeit, die Neigungen und Interessen des eigenen Kindes in der Schule gewertet werden.
– Eltern müssen mitdenken und mitfühlen, mitgehend beratend tätig sein, wenn sie ihren Kindern in der Mittelstufe wirklich helfend zur Seite stehen wollen.

Für das Leben, nicht für die Schule lernen wir!?

An einigen Stellen wurde es schon deutlich: es geht in der Schule um die Verteilung von Berufs- und Statuschancen – und weniger um eine ganzheitliche Förderung aller Fähigkeiten der Kinder und Jugendlichen, oder um die Bildung zu einer glücklichen, ausgeglichenen Persönlichkeit. Nein, es geht in erster Linie um den Erwerb von Abschlußzeugnissen – dieser Ansicht sind vor allem auch viele Jugendliche. Intensive Interviewstudien zeigen, daß die Mehrzahl

der Jugendlichen die Schule als eine Art »Arbeitsplatz für Noch-Nicht-Erwachsene« ansieht, deren Existenz und Berechtigung sie auch nicht bezweifeln.

> Jugendliche sind der Ansicht, daß man zur Schule gehen müsse, um auf diese Weise die notwendigen Qualifikationen und Berechtigungen für die Zeit nach der Schule zu erwerben. Der tiefere Sinn des Schulbesuchs enthüllt sich erst dann, wenn man die Schule verlassen hat und in das (Berufs-)Leben eintritt.

Vor allem die älteren Kinder und die Jugendlichen sehen die Aufgabe der Schule in erster Linie in der Vergabe der Abschlußzertifikate. Viele Jugendliche weisen der Schule also insofern eine große Bedeutung zu, als daß sie formell großen Einfluß auf ihren Lebenslauf hat; inhaltlich jedoch sehen sie in der Schule keine Orientierunghilfe und Unterstützung, z.B. bei der Bewältigung gegenwärtiger oder zukünftiger Lebensanforderungen.

Stellen Sie sich bitte einmal eine ähnliche Arbeitssituation für sich selbst vor: Sie müßten jahrelang einer Tätigkeit nachgehen, in der Sie keinen Sinn sehen. Wie wäre das für Sie?

Es besteht eine sehr große – zu große – Diskrepanz zwischen der inhaltlichen Bedeutung einerseits, die die Schülerinnen und Schüler in der Schule sehen, und der objektiven biographischen Bedeutsamkeit der Schule andererseits.

> Die Schulzeit wird von den Jugendlichen gerade dann als »verlorene Lebenszeit« definiert, wenn sie keinen erkennbaren Nutzen für die anschließende Berufs- und Lebenslaufbahn zeigt, wenn sie sich also anstrengen müssen, aber dann doch nicht die Ausbildungs- und Berufschancen haben, die sie sich wünschen.

Gerade Jugendliche mit Leistungsschwierigkeiten geraten dadurch in eine schwierige Situation, wenn sie über sich und ihre Zukunft nachdenken. Auf der einen Seite können sie sich von Schule und Schulzeit nicht wirklich distanzieren – dazu ist sie einfach zu wichtig –, auf der anderen Seite können sie nicht erkennen, daß die Mühen in der Schule sich auf ihre weitere berufliche Laufbahn positiv auswirken. Entsprechend unmöglich wird es für sie, das schulische Versagen und die damit verbundenen Erfahrungen ihres langjährigen Schulalltags irgendwie konstruktiv und nutzbringend zu verarbeiten.

In der Schule wird dann eher »bewiesen, daß sie nichts taugen«. Mit dieser Grunderfahrung den jahrelangen Schulalltag zu ertragen, ist sehr schwer. Denn die Schule hat einen hohen Stellenwert im Leben der Kinder und Jugendlichen. Wissenschaftler der Universität Bielefeld fragten Jugendliche danach, was aus ihrer Sicht ihr »größtes Problem« sei. An der Spitze der Nennungen stehen mit weitem Abstand Probleme, die mit den schulischen Leistungen zusammenhängen. Nach diesen Angaben spielt die Schule gerade in der Jugendphase eine große Rolle und bereitet ihnen viele Sorgen. Wenn sie Schwierigkeiten haben, die erforderlichen Leistungen zu bringen, wird das als ausgesprochen belastend wahrgenommen.

> Die schulischen Leistungsschwierigkeiten hängen eindeutig mit Auffälligkeiten wie Drogenkonsum, kriminellem Verhalten, psychosozialen Störungen und psychosomatischen Gesundheitsbeeinträchtigungen zusammen. Dies ist verstärkt bei denjenigen Jugendlichen anzutreffen, die neben den schulischen Leistungsschwierigkeiten auch noch unter hohem Erwartungsdruck der Eltern stehen.

Die Jugendlichen sind sich der Tatsache sehr genau bewußt, daß ihre schulischen Leistungen über die späteren Lebenschancen entscheiden, jedoch ohne zugleich einen Erfolg garantieren zu können. In dieser jahrelangen Unsicherheit liegen die Ausgangsbedingungen für psychosoziale und psychosomatische Belastungen. Die tieferen Ursachen liegen in den verunsicherten »Statuserwartungen« der Jugendlichen, vor allem in der teilweise uneingestandenen Angst vor dem »sozialen Abstieg«. Vor allem die Schülerinnen und Schüler, die von zu Hause aus unter dem Druck stehen, den sozialen Status der Eltern zu halten oder gar zu übertreffen, werden stark belastet.

Kinder und Jugendliche wissen, daß für ihren späteren beruflichen Erfolg ein guter Schulabschluß nötig ist, und daß die Voraussetzung dafür gute Noten in der Schule sind. Untersuchungen an der Universität Bielefeld zeigten, daß heute nur von einer verschwindend kleinen Minderheit von Jugendlichen schulische Leistungen als »unwichtig« eingestuft werden. Die Untersuchungsbefunde stehen in einem eindeutigen Widerspruch zu der These, daß Jugendliche traditionelle leistungsorientierte Werte grundsätzlich ablehnen und ihren Lebensentwurf auf »alternativen« Lebensformen aufbauen. Ganz offensichtlich akzeptieren die Jugendlichen das Leistungsprinzip, und daß auf dieser Grundlage die Zukunftschancen verteilt werden.

Tips zum Weiterlesen:

- Mirjam Pressler: Kratzer im Lack. (Beltz, 1987) ab 12 Jahre.
- Wolfgang Rudelius: Der Boss Kopp (Beltz, 1988) ab 15 Jahre.
- Reinhold Ziegler: Von einem Traum zum anderen. (Beltz, 1987) ab 15 Jahre.

Die Ganztagsschule als Ausweg?

Die Situation, daß über die Schulabschlüsse festgelegt wird, welche Position ein Mensch im Gefüge von Macht, Ansehen, Einfluß und Besitz erhält, wird sich so bald nicht ändern. Viele Menschen wollen dies auch beibehalten. Die Situation auf dem Arbeitsmarkt mit seinen ständig steigenden Anforderungen an immer qualifiziertere Arbeitskräfte wird wohl auch erst einmal so bleiben. Das heißt, daß die gesellschaftlichen Voraussetzungen für die Entstehung von schulischem Leistungsdruck unverändert bestehen bleiben.

Deshalb muß darüber nachgedacht werden, wie eine Veränderung in unserer Schullandschaft verwirklicht werden kann, z.B. durch Ganztagsschulen. Wir in der Bundesrepublik Deutschland sind mit unserem System der Halbtagsschulen einmalig auf der Welt, fast alle anderen Länder kennen die Schule als eine Institution, die von Kindern und Jugendlichen auch über die Mittagszeit bis in die Nachmittagszeit hinein besucht wird und deshalb bei weitem nicht mehr den Charakter einer reinen »Lernanstalt« hat. Gute Ganztagsschulen bieten für ihre Schülerinnen und Schüler vom Vormittag bis zum Nachmittag ein differenziertes pädagogisches Gesamtprogramm an, das auch das Angebot eines Mittagessens einschließt. Pädagogisches Gesamtprogramm heißt dabei: Unterrichtliche, erzieherische und sozialpädagogische Aktivitäten und Maßnahmen, die sorgfältig miteinander abgestimmt sind, gehören selbstverständlich mit in den schulischen Alltag. Im einzelnen bietet der Ganztagsbetrieb die folgenden Möglichkeiten:

- Der Unterricht und andere Veranstaltungen werden auf den Vormittag und den Nachmittag verteilt. Somit wird der gesamte Tagesablauf mit seinen Belastungs-, Entspannungs- und Ruhepausen in einem gesunden, organischen Rhythmus besser mit den körperlichen, seelischen und sozialen Bedürfnissen der Schülerinnen und Schüler abgestimmt.
- Übungsphasen und Fördermaßnahmen für die schwächeren Schülerinnen und Schüler werden in den Schulalltag integriert, sodaß sie besser und flexibler gefördert werden können.
- Die bisherigen Hausaufgaben werden auf ein Minimum reduziert. Dadurch werden die Erziehungsberechtigten entlastet, sodaß diese nicht mehr länger als »Hilfslehrer der Nation« das leisten müssen, was die Lehrer in der Schule nicht schaffen. Damit kann sich das Familienklima auch sehr entspannen – wenn der tägliche Kleinkrieg um die Hausaufgaben entfällt -, und die Eltern haben mehr Zeit und Kraft, sich ihrer eigentlichen pädagogischen Rolle als Eltern zu widmen.
- Aber auch das Klima in der Schule verbessert sich entscheidend, wenn die Schüler sich untereinander besser kennen und

auch die Lehrer mit ihren Schülerinnen und Schülern über den Unterricht hinaus vertraut sind.

● Durch ein ausgewogenes und gesundes Mittagessen, das selbstverständlicher Bestandteil der Ganztagsschule ist, werden viele Fehl- und Mangelernährungen im Kindes- und Jugendalter verhindert.

● Die Schülerinnen und Schüler erhalten in der Ganztagsschule auch wichtige Anregungen für den Freizeitbereich, da Arbeitsgemeinschaften und Projekte vor allem am Nachmittag – entsprechend des Alters und der Interessen – eingerichtet sind.

● Kinder von berufstätigen Eltern finden in der Ganztagsschule die nötige Betreuung und Unterstützung.

Ganztagsschulen haben alle Voraussetzungen, um für die Schülerinnen und Schüler ein wichtiger sozialer Erfahrungsraum zu werden, und zwar auch deshalb, weil hier zwangsläufig verschiedene pädagogische Berufsgruppen in der Schule arbeiten, so z.B. Schulpsychologen, Sozialarbeiter, Sozialpädagogen und Erzieher. Auch die Mitarbeit von Eltern und anderen wichtigen Persönlichkeiten aus dem Stadtteil und der Gemeinde kann wichtige Funktionen übernehmen, um in der Schule einen wirklich lebendigen Lernort zu gestalten. Hierdurch zeigt die Ganztagsschule den Schülerinnen und Schülern erheblich mehr soziale Rollen und bietet ihnen somit auch vielfältige soziale Orientierungsmuster, die für die Entwicklung sehr wichtig sind. Es ist für die Schüler anregend und erfahrungsreich – und für die Lehrerinnen und Lehrer entlastend – wenn mehrere Bezugspersonen im Laufe des Schultages zur Verfügung stehen.

Die Ganztagsschule ist – wenn wir ihr pädagogisches Konzept ernst nehmen – besonders geeignet, die Schülerinnen und Schüler bei seelischen, sozialen und auch gesundheitlichen Problemen zu unterstützen. Verhaltensauffälligkeiten und Gesundheitsbeeinträchtigungen können im Rahmen der Ganztagsarbeit besser und schneller erkannt werden – natürlich nur, wenn qualifizierte Fachleute dafür vorhanden sind.

Mehr Ganztagsschulen werden in den nächsten Jahren mit Sicherheit kommen. Der heute schon spürbare Bedarf in den Familien – z.b. durch die Erwerbstätigkeit von beiden Elternteilen oder in den Ein-Eltern-Familien – wird weiter wachsen. Die Ganztagsschule darf aber nicht zu einer Notlösung werden, sondern muß ihren Auftrag auch wirklich pädagogisch ausfüllen. Dann ist die Ganztagsschule eine wirklich angemessene Antwort auf die veränderten Lebensbedingungen von Kindern und Jugendlichen. Kinder und Jugendliche benötigen den Lebensraum Schule als einen wichtigen sozialen Bereich und als Forum für die Auseinandersetzung mit der eigenen Person und der Umwelt. Die Ganztagsschule bringt hierfür alle Voraussetzungen mit.

Freizeit, Wohnen und Umwelt sind nicht gerade kinderfreundlich

Bevor wir auf das Thema »Freizeit und Wohnen« näher eingehen, haben wir wieder eine Bitte an Sie: Überlegen Sie doch bitte, wie Sie selbst als Kind gespielt haben und wie Sie als Jugendliche(r) am liebsten Ihre Zeit verbrachten: Waren Sie lieber allein oder mit anderen zusammen? Waren bestimmte Gruppen wichtig, z.B. Cliquen oder Banden? Spielten Sie besonders gerne mit Erwachsenen oder unter deren Aufsicht? Waren Sie lieber drinnen oder draußen? Wie sahen die Plätze aus, welche Möglichkeiten ergaben sich dort? Waren bestimmte Spielsachen notwendig? Schreiben Sie doch ein paar Stichworte dazu auf:

Die Spiel- und Freizeitwelt von Kindern und Jugendlichen hat sich sehr verändert – und das hängt deutlich mit der Wohnsituation der meisten Familien zusammen. Auf diese Veränderungen wollen wir im folgenden eingehen und auch auf die Konsequenzen, die dies für die Entwicklung von Kindern und Jugendlichen haben kann. Denn das Spiel und die Freizeit ist ein wichtiger Bereich (nicht nur) im Leben von Kindern und Jugendlichen: Kinder und Jugendliche lernen in der Freizeit und im Spiel, sich mit sich selbst und der Umwelt auseinanderzusetzen. Sie lernen, sich Dinge selbständig anzueignen und Neues auf eigene Faust zu entdecken. Sie lernen auch Gefahren kennen, einschätzen und damit umgehen.

Im Spiel und in der Freizeit erarbeiten sich Kinder und Jugendliche die Fähigkeiten, die sie für die Auseinandersetzung mit ihrer Umwelt und ihrer eigenen Entwicklung brauchen. Diese Fähigkeiten ermöglichen es ihnen, mit Anforderungen kreativ und sinnvoll umzugehen, um Belastungen zu verarbeiten.

Dafür brauchen Kinder und Jugendliche Zeit, Gelegenheit und einen – von Erwachsenen ungestörten – Spiel-Raum.

Freizeit gemeinsam mit anderen

	Ja	Nein
Leben in Ihrer Nachbarschaft Gleichaltrige ihres Kindes, mit denen es gemeinsam die Freizeit verbringt?	☐	☐
Hat Ihr Kind einen besten Freund bzw. eine beste Freundin?	☐	☐
Muß Ihr Kind zu diesem Freund mit öffentlichen Verkehrsmitteln fahren oder mit dem Auto hingebracht werden?	☐	☐
Hat Ihr Kind darüber hinaus noch einen weiteren Freundeskreis oder eine Clique?	☐	☐
Spielen Konsumartikel in dieser Gleichaltrigengruppe eine große Rolle?	☐	☐

Wieviel Zeit verbringt Ihr Kind pro Tag mit seinen Freunden (außerhalb der Schule)?   _____ Stunden

An wievielen Tagen der Woche ist es mit Gleichaltrigen zusammen (ohne Schule, Kurse o.ä.)? An ____ Tagen

Die Gruppe der Gleichaltrigen übernimmt heute früh eine wichtige Funktion in der Persönlichkeitsentwicklung. Wichtig dabei ist, daß sich die Kinder und Jugendlichen dort in einem Maße vollwertig

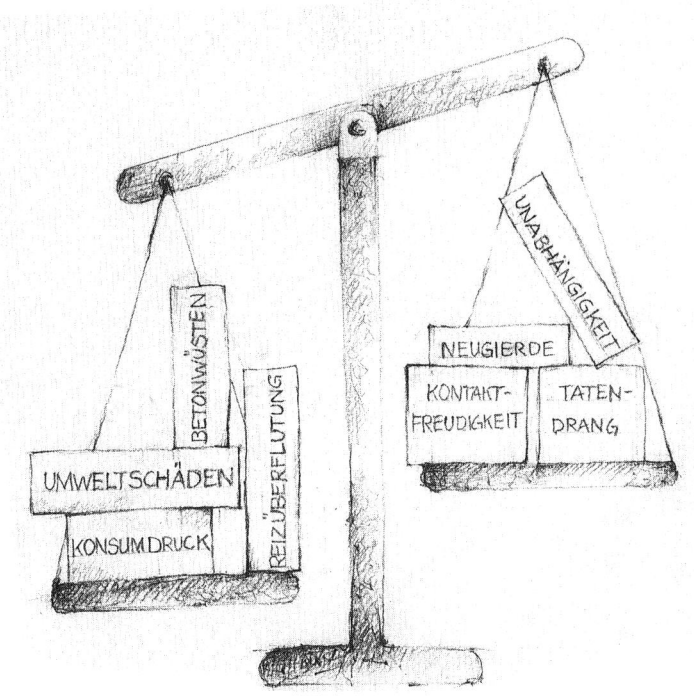

Die »Freizeitbalance«: Oft gibt es gerade hier viele Belastungen.

und selbstbestimmt einbringen können, wie es ihnen z.B. in der Familie oder Schule nicht erlaubt wird. Das ist einer der Gründe, weshalb die Gleichaltrigengruppe so wichtig ist für die Entwicklung der sozialen Fähigkeiten. Aber die Kontakte zu Gleichaltrigen sind nicht mehr so einfach herzustellen, weil häufig in der Nachbarschaft keine Kinder des entsprechenden Alters leben. Viele *jüngere Kinder* wachsen daher isoliert auf, ganz besonders wenn sie keine Geschwister haben. Diesen Kindern fehlt dadurch eine wichtige Anregung zum sozialen Lernen, und auch die Eltern können Gleichaltrige nicht ersetzen.

Um hier Abhilfe zu schaffen, stellen viele Eltern gezielt Spielsituationen mit anderen Kindern her. Die »Versorgung« des Kindes mit Spielkontakten kann heute als wichtige Aufgabe der Eltern angesehen werden. Dabei gibt es aber erhebliche Unterschiede, je nach den materiellen, zeitlichen und regionalen Voraussetzungen. Vor allem Kinder im Vorschulalter sind heute weitgehend von der Unterstützung der Eltern und deren Möglichkeiten abhängig, wenn sie über die Familie hinaus soziale Erfahrungen machen wollen – und das müssen sie auch. Es gibt nur noch wenige Felder, in denen sich kindliche Aktivitäten spontan und ungeplant ergeben. Die Lebenswelt der Kinder besteht insofern häufig aus einzelnen, speziell für Kinder geplanten Bereichen.

Somit erweitert sich der Lebensraum von Kindern nicht mehr in einem eigenen Rhythmus und Tempo, das sich aus seinem steigenden Alter und seiner wachsenden Selbständigkeit organisch entwickelt, sondern er besteht von klein auf aus einer Menge sozialer »Inseln«, die miteinander kaum verbunden sind. Den Zusammenhang zwischen den verschiedenen Inseln kann ein Kind aber noch nicht selbst sinnlich wahrnehmen. Die Zeit wird in Stücke geteilt und die Lebensbereiche voneinander abgetrennt. Die einzelnen Beziehungen und sozialen Kontakte auf den verschiedenen Inseln hängen nicht miteinander zusammen, sondern folgen ihrer eigenen Logik und haben ihren eigenen Rhythmus – den ein Kind noch nicht überblickt. Somit ist die eigenständige Eroberung der Umwelt durch das Kind erheblich begrenzt. Kinder haben es schwer mit eigenen Mitteln ein sinnvolles Ganzes zusammenzusetzen. Es ist anzunehmen, daß die »Verinselung« der kindlichen Lebenswelt und das zeitliche Zerstückeln des Tages und der Woche eine große Anforderung an Kinder stellt, der gerade die jüngeren Kinder noch wenig Verstehen und Begreifen entgegensetzen können.

Vor allem *bei älteren Kindern und Jugendlichen* kommt noch ein problematischer Bereich hinzu: Die meisten Jugendlichen haben vergleichsweise viel Geld zur Verfügung und können sich zahlreiche Wünsche im Freizeit- und Konsumbereich erfüllen. Allerdings täuscht die scheinbare Freiheit dieses Verhaltens oft darüber hinweg, daß dieser Sektor kommerziell stark gesteuert ist. Die relativ gute materielle Ausstattung der meisten Jugendlichen verdeckt auch schnell die hiermit verbundenen Probleme: Geld hat einen erschreckenden Stellenwert schon bei Jugendlichen, da es zu Vergleichs- und Konkurrenzzwecken eingesetzt wird. Materieller

Wohlstand fördert schon bei Jugendlichen heftigen Neid und ist so gesehen eine ernsthafte Quelle für psychosoziale Belastungen, die gerade in der ungefestigten Phase der jugendlichen Persönlichkeitsentwicklung zu erheblichen Verunsicherungen führen kann.

Mark ist 14 Jahre alt und ein echt cooler Typ. Zumindest an manchen Tagen. Dann schreitet er mit ziemlich undurchdringlichem Gesicht und leicht zusammengekniffenen Augen – total cool eben – durch die Straßen. Ein echter Held, auch mit recht knackigen Sprüchen, was ein echter Mann ist, und wem denn alles die Fresse poliert werden müßte.

Diese Supermann-Nummer ist seine liebste, aber sie funktioniert nur so lange, bis er das Klassenzimmer betritt und Richie, Mannie und Zorro sieht, wie sie auf den Bänken sitzen und alles im Griff haben. Dann schrumpft Mark automatisch um einige Zentimeter und aus seinem coolen Heldenblick werden ängstliche Kinderaugen. Er möchte wahnsinnig gern zu dieser Clique dazugehö-

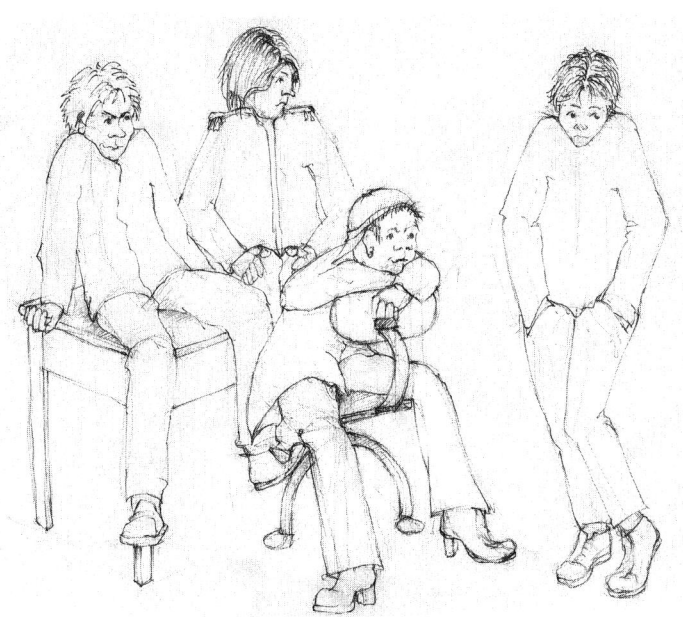

ren, denn die Drei sind genauso, wie er immer sein möchte: echt cool. Er weiß auch genau, wie er das hinkriegen könnte, daß sie ihn zumindest nicht mehr wie ein Kleinkind behandeln: das eine bestimmte Mofa, das er neulich gesehen hat. Aber seine Alten schalten auf stur: Mark bekommt es einfach nicht. Statt dessen solle er einsehen, daß er sowieso viel intelligenter sei als diese Möchte-Gern-Rowdies. Mit solchen Kerlen brauche er sich doch nicht zu vergleichen ... Die Alten haben eben echt keine Ahnung ...

Wenn es Jugendlichen nicht gelingt, in der Gleichaltrigengruppe akzeptiert zu werden, leiden sie an der mangelnden Beliebtheit und der mangelnden Anerkennung unter ihresgleichen. Es kommt zu einer erheblichen Verunsicherung der sozialen Orientierungen und des Selbstwertgefühls, was zu Verhaltensschwierigkeiten führen und sich in auffälligem Verhalten niederschlagen kann. Der Eindruck, in der Gleichaltrigengruppe nach sozialen oder materiellen Maßstäben nicht »mithalten« zu können und so benachteiligt zu sein, kann auch zu abweichendem Verhalten und zu Drogenkonsum der Anlaß sein.

Tips zum Weiterlesen:

- Karin Mönkemeyer: Wie Kinder Freunde werden (Rowohlt, 1989).
- Eberhard Mühlan: Papa, rück die Scheine raus! Kinder lernen, mit Geld umzugehen (Schulte und Gerth, 1990).
- Dagmar Chidolue: Diese blöde Kuh! (Fischer, 1984) ab 14 J.
- Christine Nöstlinger: Jokel, Jula und Jericho (Beltz, 1988) ab 7 J.
- Janosch: Du bist ein Indianer (Georg Bitter, 1990) ab 10 J.

Die freie Zeit für Freizeit fehlt

Die Eltern suchen nach Möglichkeiten zum Spielen mit anderen Kindern, stellen Kontakte her, verabreden Termine zum Spielen, fahren die Kinder mit dem Auto zu den Treffpunkten. Die Eltern bauen ihren Kindern die sozialen Brücken in die außerfamiliäre Welt. Gewöhnlich passiert das in einem vorgeplanten und fixierten zeitlichen Raster. Damit wird das Spielen der Kinder stark von den Eltern strukturiert und organisiert und auch die Orte, an denen gespielt wird, werden von den Eltern ausgesucht.

Sobald die Kinder etwas älter werden, so etwa mit 9 oder 10 Jahren, werden sie von der Organisation der Eltern etwas unabhängiger. Aber auch sie müssen sich verabreden, einen bestimmten Ort oder einen bestimmten Zeitrahmen verabreden – eben weil gewöhnlich keine Kinder in der Nachbarschaft wohnen, die man einfach so beispielsweise auf der Straße trifft. Somit müssen Kinder heute in einem Ausmaße ihre Handlungen planen und ihre Zeit einteilen und kontrollieren, wie es andere Generationen nicht gekannt haben.

Kinder und Jugendliche lernen heute sehr viel früher, ihren Handlungen, Kontakt und dem Spielen einen zeitlichen Rahmen zu geben. Beeilen, Warten, Unterbrechen und Abbrechen entstehen häufig nicht mehr aus dem Spiel selbst, sondern werden vorher von außen festgesetzt.

Familie G. ist eine sehr aktive, unternehmungslustige Familie. Für die Eltern selbst hat die Freizeit einen hohen Stellenwert: sie treiben regelmäßig Sport und nehmen am kulturellen Treiben ihrer Stadt regen Anteil. Somit ist es ihnen natürlich auch wichtig, ihren drei Kindern Sport und Kultur nahe zu bringen, da es für sie ein wichtiger Bestandteil ihrer Lebensqualität ist. Am Wochenende unternehmen sie viel mit ihren Kindern: einen Tag des Wochenendes gehen sie in die Natur, unternehmen kleine Wanderungen, an dem anderen Tag versuchen sie kulturelle Veranstaltungen ausfindig zu machen, sei es ein Besuch in einem Freilichtmuseum, eine Theateraufführung für Kinder oder Spielfeste in irgendeinem Stadtteil. Da die Eltern wissen, daß Eigenaktivität besonders wichtig ist, wenn Kinder sich etwas aneignen sollen, legen sie auch darauf großen Wert: so spielt jedes Kind ein Musikinstrument und betreibt eine Sportart. Der Instrumentalunterricht findet einmal wöchentlich statt, wie auch die Musik-Spielkreise für jedes Kind; geübt wird täglich etwa eine Stunde. Der Sport findet zweimal wöchentlich statt, und jeden Tag sitzen die Kinder – je nach Alter – zwei bis drei Stunden an den Hausaufgaben.

Ein Familienleben und ein Freizeitprogramm, das straff durchorganisiert ist und zeitlich festgelegt ist. Die Kinder von Familie G. haben auch Zeit zum Spielen – darauf legen die Eltern großen Wert – jedoch in vorher festgelegten Zeiten: zwischen Hausaufgaben und Geigenunterricht bleiben noch 1 1/4 Stunden... Aber ob sich kreatives, sinnvolles Spiel so sehr nach der Uhr gestalten läßt? Es ist für uns Erwachsene oft schon schwer genug, in unseren durchorganisierten Zeitplänen noch wirklich zu entspannen und abzuschalten – ohne Blick auf die Uhr. Wieviel schwieriger ist das dann für Kinder, mit soviel Zeitplanung zurechtzukommen?

Neben dem umfangreichen Freizeitprogramm, das jedoch nicht bei allen Kindern so vollgepackt ist wie bei Familie G., sitzen viele Kinder und Jugendliche erschreckend lange Zeit an den Hausaufgaben. Im Grundschulalter sollen Kinder nicht länger als eine halbe Stunde (1. und 2. Klasse) bzw. eine Stunde (3. und 4. Klasse) an den Aufgaben sitzen. Die Realität sieht jedoch häufig anders aus: viel zuviele Kinder arbeiten bereits im Grundschulalter zwei Stunden und länger zuhause für den Unterricht. Bei einer Befragung von Schülerinnen und Schülern der 8. und 10. Klasse – die meisten waren 13 bis 16 Jahre alt – fragte man die Jugendlichen, wieviel Zeit sie in der Woche mit Schulunterricht, Hausaufgaben und Nachhilfestunden beschäftigt seien.

Vielleicht machen Sie das auch mal für Ihre Kinder? Bei den Unterrichtsstunden rechnen Sie bitte die 45 Min-Stunden als volle Stunden, da auch die Pausenzeiten als »Arbeitszeit« angerechnet werden müssen.

144

Schulunterricht pro Woche:	_____	Stunden
Hausaufgaben pro Woche:	_____	Stunden
Nachhilfestunden:	_____	Stunden
Schularbeitszeit:	_____	Stunden

Bei der Befragung ergab sich, daß fast die Hälfte bis zu 40 und weitere 30% bis zu 50 Stunden für die Schule arbeiten. – Eindrucksvolle Zahlen, und vor allem viel zu viel für die Jugendlichen, die im Durchschnitt 14,5 Jahre alt waren, denn wir können nicht die Arbeitszeiten von Erwachsenen mit denen der Kinder und Jugendlichen gleichsetzen.

Bei Jugendlichen des 11. bis 13. Ausbildungsjahres sieht es noch krasser aus: mehr als die Hälfte der Gymnasiasten und Vollzeitberufsschüler können von einer 40-Stunden-Woche nur träumen. Wenn Sie dazu noch die weiteren Verpflichtungen rechnen, wie z.B. Kurse, Musikunterricht, Sport und bei Älteren auch das Jobben, bleibt nur noch wenig Zeit für unverplantes Spielen oder Zeit »verbummeln«. Das ist für die Entwicklung jedoch wichtig.

Ungestörte Freizeit?

Andrea J. ist eine sehr engagierte Mutter und es ist ihr sehr wichtig bei der Erziehung des achtjährigen Fabian möglichst wenig zu versäumen. Sie weiß auch, wie wichtig das Spiel in der Entwicklung von Kindern ist und versucht, ihren Sohn im Spiel zu unterstützen. Sie beobachtet Fabian viel, wenn er allein oder mit anderen Kindern spielt, und schaltet sich ein, wenn sie ihm etwas erklären möchte oder bei Auseinandersetzungen mit Kindern schlichten will. Seit ein paar Wochen jedoch spielt Fabian nur mehr in seinem Zimmer, das er am liebsten abschließen möchte. Andere Kinder bringt er kaum noch nach Hause – er spielt lieber irgendwo auf der

Straße mit ihnen. Frau J. ist beunruhigt: Wie soll sie ihren Sohn jetzt noch fördern? Oder ob er sich gar absichtlich ihrem Einfluß entzieht?

Muß ein Kind wirklich ununterbrochen gefördert werden? Sicherlich nicht. Normalerweise suchen sich Kinder von allein die Herausforderungen, die sie für ihre Entwicklung brauchen. Mit diesen setzen sie sich auseinander und suchen selbständig nach Lösungsmöglichkeiten und Erklärungsansätzen, mit denen sie dann ausprobieren, ob es klappt. Ein Kind muß genügend Anregungen bekommen, die seine Neugierde und Unternehmungslust anreizen – aber gewöhnlich sind dafür keine speziellen Lernspiele oder Fördermaterialien nötig. Auch müssen Kinder gewöhnlich nicht ständig unter Aufsicht stehen. Eine eigene Kinderwelt aus Phantasie und Spiel entstehen zu lassen – das gelingt oft am besten, wenn Kinder für sich sind.

Untersuchungen haben ergeben, daß die meisten Kinder am liebsten an Orten spielen, die ihnen möglichst viele Möglichkeiten bieten und die wenig vorgeplant sind. Besonders interessant sind z.b. Waldgrundstücke oder Baustellen. Wieviel spannender sind solche Orte als z.b. Spielplätze, die von allen Seiten beobachtet werden können oder das Spielen unter ständiger pädagogischer Betreuung. Wichtig sind für Kinder weiter altersgemischte Gruppen, die sich täglich spontan bilden, in denen die älteren Leit-, Schutz- und Kontrollfunktionen übernehmen. Diese Gruppen können sich oft gut organisieren, gemeinsam etwas durchsetzen – und so eine kleine eingeschworene Gemeinschaft bilden, die sich auch deutlich von den Erwachsenen abgrenzt. Zugleich ist es Kindern und Jugendlichen aber auch wichtig, nicht aus der »Erwachsenenwelt« ausgegrenzt zu sein. So bevorzugen sie häufig belebte Plätze (z.B. den Marktplatz, wo es ihn noch gibt), auf denen verschiedene Menschen aus unterschiedlichen Gründen einander begegnen.

Freizeit = Medienzeit?

Kinder und Jugendliche gehen heute sehr selbstverständlich mit einer großen Vielfalt an Medien um, und zwar außerhalb des Elternhauses wie auch zuhause. Bei einer Untersuchung von 400 Familien wurden Familien, die über einen Kabelanschluß verfügen, mit Familien ohne Kabelanschluß verglichen. In den »Kabelhaushalten« gab es eindeutig mehr Medien, also nicht nur mehr Fernsehgeräte, sondern auch Walkman, Video, Computer und Tele-Spielgeräte. Aber deutlich weniger Bücher. Der Fernsehkonsum war in den Familien mit Kabelanschluß erheblich höher, vor allem bei den Kindern.

Das Fernsehen ist für viele Familien ein wichtiger und zentraler Bereich an Gemeinsamkeit und ersetzt oft andere Freizeitaktivitäten. Das Fernsehen wird oft auch dafür eingesetzt, um Konflikte zu vermeiden und sich von Problemen zu entlasten. Es verleitet somit alle Familienmitglieder, auch die Kinder, zu einem passiven Umgang miteinander und schult nicht gerade die Fähigkeiten, sich konstruktiv und direkt miteinander auseinanderzusetzen: Der Fernseher als Ablenkung. Auch lassen viele Eltern ihre Kinder fernsehen, um sich von den Forderungen der Kinder zu entlasten: der Fernseher als Babysitter. Sehr häufig wird auch mit dem Fernseher bestraft oder belohnt: der Fernseher als Erziehungsmittel.

Wie können Sie Ihren Kindern helfen, das Fernsehen sinnvoll zu nutzen?

Das Fernsehen ist ein für Kinder und Jugendliche faszinierendes, sie in den Bann schlagendes, also ein suggestives Medium. Nichts ist deswegen schlimmer, als Kinder und Jugendliche mit diesem Medium von Anfang an allein zu lassen und die ganze Wirkung des

Mediums gewissermaßen ungefiltert auf sie prallen zu lassen. Tun Eltern dieses, dann kann das Fernsehen für die eigenen Kinder tatsächlich so etwas wie ein Umweltgift werden. Man muß sich ja immer deutlich klar machen, wie dieses Medium arbeitet und wie es wirkt: es spricht den optischen und akustischen Sinneskanal zugleich an, es regt innere Phantasie und Gedankenspiele und Gefühle an. Aber das Fernsehen tut auch sehr vieles nicht: Es vernachlässigt sehr viele Ausdrucks- und Sinnesbereiche; das Kind kann während des Fernsehens nicht riechen, fassen, begreifen, anfühlen und tasten, es kann sich nicht bewegen, tanzen, schaukeln, gehen und laufen, oder tut es zumindest in der Mehrzahl der Fälle nicht – und es kann auch nicht diskutieren und sozial aktiv sein.

> Das Medium Fernsehen spricht also den Sinneshaushalt eines Kindes sehr einseitig an. Das ganze Bestreben der Eltern muß es sein, dem eigenen Kind nicht zu vieles von dieser Einseitigkeit zuzumuten.

Es ist wie bei der Ernährung: einige Stücke Schokolade am Tag sind wohltuend und anregend, besteht aber die Ernährung weitgehend aus Schokolade, dann wird sie unausgewogen und für die weitere Entwicklung schädlich. Genauso ist es mit dem Fernsehen: Einige Elemente Fernsehkonsum am Tag sind interessant und nützlich, anregend und abwechslungsreich. Sind sie aber nicht mit anderen Anregungen gemischt, dann kommt es zu einer gefährlichen Einseitigkeit der Anregung von Sinnen und Ausdrucksformen. Eine gute, vielfältige Mischung von Anregungen aller Sinne und aller Ausdrucksformen ist die ideale »Sinneskost« für das eigene Kind, genauso wie es bei einem gut durchkomponierten Speiseplan und einer guten Speisenabfolge der Fall ist.

Das bedeutet also im einzelnen: Der tägliche Fernsehkonsum muß zeitlich begrenzt sein. Je nach der Aufnahmefähigkeit des Kindes müssen die Eltern darauf achten, daß bestimmte Zeitkontingente nicht überschritten werden. Es ist schwierig, hierfür allgemeine Regeln auszusprechen. Aber als Faustregel könnte man doch sagen:

> Kinder unter 3 Jahren sollten nur sehr wenig fernsehen, auf jeden Fall unter 20 Minuten täglich. Die Tagesdosis der 4- bis 7jährigen sollte möglichst nicht über 30–40 Minuten liegen, für die Kinder von 8–11 Jahren nicht über 60–70 Minuten und für die Kinder über 12 Jahren nicht über 100 oder 120 Minuten am Tag.

Man sollte mit dem Kind klar und unmißverständlich eine solche zeitliche Schallgrenze für den Fernsehgebrauch vereinbaren und sie konsequent durchhalten. Dem Kind sollte klar sein, daß innerhalb dieses Zeitkontigentes das Fernsehen akzeptiert oder sogar erwünscht ist. Jede Doppelbödigkeit der Botschaft bei der Nutzung des Mediums Fernsehen schadet nur und macht dieses Medium zusätzlich interessant. Der Fernsehgebrauch sollte in einen Tagesplan sinnvoll eingebaut sein. Viele Eltern machen gute Erfahrungen damit, das Fernsehen am späten Nachmittag als einen gewissen Anreizpunkt in die Tagesplanung einzubauen. Aber der Zeitpunkt ist an und für sich beliebig, wichtig ist die strikte Begrenzung und die anschließende Weiterführung des Fernsehkonsums durch andere Aktivitäten.

Die starke Anregungs- und Suggestionskraft des Fernsehens bringt es mit sich, daß die Kinder nach dem Fernsehen noch unter dem Eindruck des Gesehenen stehen. Es ist für die Eltern sehr wichtig, hier jetzt in Gesprächen, Spielen und sonstigen Aktivitäten möglichst das aufzunehmen, was gesehen wurde. Das heißt also auch: Wenn irgendmöglich, sollten die Eltern beim Fernsehen der Kinder dabeisitzen, vielleicht schon während des Guckens hin und wieder ein kleines Gespräch anregen, vor allem aber danach Aktivitäten unterstützen und anregen – sie kommen manchmal ganz von allein – die jetzt das im Fernsehen Gesehene spielerisch weiterverarbeiten. Geschieht das unverkrampft und selbständig, dann läuft das fast ganz von allein. Denn die Kinder entwickeln sehr viel

Phantasie, um mit dem im Fernsehen Gesehenen auf ihre Weise produktiv umzugehen. Es ist schon erstaunlich, wie sie auch mit Inhalten und Sachverhalten umgehen, die sie rein intellektuell, kognitiv und sozial gar nicht voll verstanden haben können. In ganz erstaunlicher Weise sind sie in der Lage, manchmal auch aus einer nicht so guten Fernsehvorlage anschließend für sich etwas Nützliches und Gewinnbringendes zu machen.

> Voraussetzung aber dabei ist immer, daß anschließend Gelegenheit für Gespräche und Spiele und Abarbeitungen, Nachahmungen und Umsetzungen besteht.

Wird zeitlich streng geregelt mit dem Medium Fernsehen umgegangen, dann kann es nicht schädlich für die Entwicklung von Kindern und Jugendlichen sein. Die viel besprochene Schädlichkeit, die problematischen Auswirkungen auf die Strukturierungs- und Wahrnehmungsfähigkeit von Kindern, die sich in Zappeligkeit und Unkonzentriertheit äußern, treten normalerweise bei einer zeitlichen Begrenzung des Fernsehkonsums mit anschließender Spiel- und Verarbeitungsphase nicht auf.

> Die schädlichen Wirkungen treten ein, wenn das Fernsehen sich unkontrolliert im Tagesplan ausbreitet und immer mehr Zeit in Anspruch nimmt, die nicht für anderes zur Verfügung steht.

Zuviel Fernsehen heißt bei den meisten Kindern: Die Alternativen zum Fernsehen sind nicht vorhanden oder nicht attraktiv verfügbar. Das ist ein Alarmsignal: Kein Kind wird von sich aus eine spielerische Aktivität, einen Sozialkontakt oder ein sonstiges Erlebnis außerhalb des Fernsehkonsums ablehnen, dem Fernsehkonsum vorziehen, wenn der Sinneshaushalt noch in Ordnung ist. Die vielbesprochenen »Vielseher«, die drei, vier und mehr Stunden täglich vor dem Fernseher sitzen, sind – objektiv gesprochen – in ihrem Sinneshaushalt verarmt und vereinseitigt. Ihnen fehlen – oder haben in der Vergangenheit gefehlt – die vielfältigen Anregungen von Sinnen und Ausdrucksformen, die sie in ihrer Entwicklung benötigen. Vielsehen ist so etwas wie eine Krankheit, von der man geheilt werden muß. Um noch einmal den Vergleich mit der Ernährung zu ziehen: Fehlernährung führt zu Über- oder Untergewicht und zu Beeinträchtigungen wichtiger Sinne- und Körperfunktionen. Die einzig konsequente Antwort darauf ist ein Diätplan, die strikte Einhaltung eines gut durchdachten reichhaltigen Ernährungsangebotes in genau bedachten Mengen. So gesehen benötigen Vielseher eine Fernsehdiät, die ihre Sinne schult und sie wieder aufnahmefähig für alle anderen Kanäle des Empfindens und des Ausdrucks macht, die nicht vom Fernsehen angesprochen werden.

Tips zum Weiterlesen

– Das Fernsehen und Ihr Kind. Broschüre, die kostenlos angefordert werden kann von der: Bundeszentrale für gesundheitliche Aufklärung, Postfach 910152, 5000 Köln 91.
– Jan-Uwe Rogge: Kinder können fernsehen. Vom sinnvollen Umgang mit dem Medium (Rowohlt, 1990).
– Manfred Mai: Stefan läßt nicht locker (Benziger, 1986) ab 8 Jahre.

Was hat die Freizeit mit der Wohnsituation zu tun?

Wo haben Sie früher am liebsten gespielt? Waren es auch – wie bei vielen Menschen – unbebaute Flächen, ein kleines Wäldchen, eine wilde, ungenutzte Wiese, eine ruhige Straße, ein Innenhof? Und – gibt es diese Flächen heute auch noch, auf denen Sie gespielt haben?

Die Voraussetzungen für das Spielen sind heute anders geworden. Schon rein flächenmäßig steht nicht ausreichend Spielraum zur Verfügung. Die Wohnumwelt, die mit ihren Innenhöfen und Straßen ein wichtiger Bestandteil des Lebensraumes für Kinder ist, ist in den letzten Jahrzehnten immer weniger zugänglich geworden. Durch einseitige Wohnungs- und Straßenplanung ist den Kindern wenig Platz geblieben, und wenn, dann außerhalb des normalen Lebens und in speziell für sie eingerichteten »Nischen«. So hat z.B. der Lebensraum Straße für Kinder nicht mehr die große Bedeutung wie für frühere Generationen.

Das gilt jedoch nicht nur für die Stadt. Auch in ländlichen Gebieten kann man nicht davon ausgehen, daß das Umfeld der Kinder und Jugendlichen intakt ist und von ihnen mühelos zu erobern ist. Auch hier sind lebendige Nachbarschaft, natürliche Spielangebote und spontane Lernmöglichkeiten nicht mehr selbstverständlich. Kinderalltag auf dem Land bedeutet heute für Eltern und Kinder allzuoft Pendleralltag mit langen Wegen zu Kindergarten, Schule und Arbeitsplatz. Das Netz der wichtigen sozialen Einrichtungen ist weit gespannt und führt zu langen und zeitraubenden Wegen. Freizeit- und Kulturangebote sind meist über die Region verstreut und können nur mit hohem organisatorischen Aufwand erreicht werden.

Trotzdem spielt das Wohnumfeld für die Kinder und Jugendlichen eine große Rolle. In einer Untersuchung wurden Kinder gefragt, welcher Ort im Wohnumfeld ihnen zum Spielen am wichtigsten sei: dies war bei den meisten – sie konnten unter sechs Möglichkeiten wählen – die Straße. Dabei spielten natürlich die konkreten räumlichen Bedingungen eine erhebliche Rolle. Die Strukturen des Stadtgebietes haben einen starken Einfluß darauf, wie sich Kinder und Jugendliche ihren »Raum« aneignen und erobern.

In günstigen Bedingungen können sich Kinder und Jugendliche außerhalb der Wohnung austoben und ihren körperlichen Bedürfnissen nach Bewegung nachkommen. Die Art und Weise, wie der Körper und alle Sinne im Spiel eingesetzt, erprobt und geschult werden, unterscheidet sich deutlich, je nachdem, wo und wie diese Erfahrungen gemacht werden: ob innerhalb oder außerhalb der Wohnung, ob mit Hilfe von Medien, im Auto oder innerhalb von Institutionen.

Hierbei spielt ganz offensichtlich eine wesentliche Rolle, ob man sich durch eigene Möglichkeiten fortbewegen kann, z.B. durch Fahrradfahren. In verschiedenen Untersuchungen bestätigte sich, daß das Fahrrad ein ideales Mittel für Kinder und Jugendliche ist, zum einen um räumlich mobil zu sein, zum anderen um körperlich aktiv zu sein. Das Fahrrad ist im Grunde das einzige Verkehrsmittel, mit dem Kinder ihre Umwelt selbständig erobern können. Es ist außerdem ein eigener Besitz und ein Mittel zur Selbstdarstellung, das in seinem sozialen Wert sehr hoch eingeschätzt werden muß.

Der Wohnbereich ist wichtig für die Entfaltung der Persönlichkeit von Kindern und Jugendlichen, doch die Räume, die ihnen zugewiesen werden, sind schmal und eng geworden. Die Prozesse, in denen sie sich ihre Umwelt erobern, in Besitz nehmen, ergreifen und begreifen, sind nur noch in ganz bestimmten Grenzen möglich. Gerade das Beispiel Fahrradfahren macht die vielen Gefahren deutlich, die mit dem natürlichen Bewegungs- und Entfaltungsdrang der Kinder verbunden sind: Verkehrsunfälle sind die Todesursache Nr. 1 im Kindes- und Jugendalter.

Innerhalb der Wohngebiete werden künstliche Spielinseln gebildet, um überhaupt noch die Möglichkeit für körperliche und sinnliche Erfahrungen zu schaffen. Ein spontanes Neugier- und Entdekkungsverhalten, wie es für die kindliche Entwicklung natürlich und wichtig ist, läßt sich durch die Entwicklung unserer Städte nur noch begrenzt entfalten. Die meisten Kinderspiele benötigen viel Platz und ebene Flächen – und daran fehlt es. Kinder benötigen viel mehr verkehrsberuhigte Spielzonen und unbefahrene Bereiche, in denen sie ein Spielangebot vorfinden oder unkompliziert spontane Spielideen entwickeln und entfalten können: als Aktionsraum, Aufenthaltsraum, Spielraum, Transportraum und Erfahrungsraum. Hier können sie lernen, ihre eigenen Bedürfnisse und Interessen darzustellen und zu vertreten. Hier lernen sie zugleich den Stand der gesellschaftlichen Wirklichkeit kennen. Sie benötigen diese wichtigen Erfahrungen mit Erwachsenen, im Umgang mit anderen Kindern, in der Wahrnehmung wichtiger sozialer Erfahrungen.

Marion M. war lange mit ihrer Wohnsituation unzufrieden gewesen. Die Wohnung mitten in der Stadt war zwar sehr günstig für sie allein gewesen, und als Tino noch klein war, war es auch praktisch, keine weiten Wege zu haben. Zugleich war sie für Freunde und Bekannte leicht erreichbar, die oft auf einen Kaffee mal vorbeikamen. Das waren für Marion als Alleinerziehende nicht zu unterschätzende Vorteile. Aber je älter Tino wurde, umso enger wurde die Wohnung und umso schwieriger die Organisation von Spielgelegenheiten draußen und mit anderen Kindern. Mehr durch Zufall entdeckte sie in einer Zeitung die Annonce von Christine: Als Mutter eines Sohnes, im gleichen Alter wie Tino, suchte sie eine Haus- oder Wohngemeinschaft mit »Menschen mit Kindern«. Marion meldete sich bei ihr, sie verabredeten sich, fanden einander sympathisch. Zuerst fuhren sie »probeweise« zusammen in Urlaub, und führten dort bereits einige Diskussionen über ihre Erziehungsvorstellungen. Bei allen unterschiedlichen Meinungen konnten sich dennoch beide Mütter vorstellen, in etwa »am gleichen Strang« zu ziehen,

und suchten anschließend zusammen ein Häuschen. Und fanden es:
in einer noch nicht ganz zugebauten »Nische« innerhalb der Stadt,
in einem verwilderten Garten und einem renovierungsbedürftigen
Zustand. Seit zwei Jahren leben sie dort mit ihren beiden Söhnen.
Die sind inzwischen 8 Jahre alt – und oft über Stunden zuhause
nicht gesehen. Dann bauen sie irgendwo eine Hütte oder finden
Schätze oder führen Krieg gegen die Indianer...

Das Spiel mit anderen ist die Voraussetzung dafür, daß Kinder und Jugendliche aktiv und wach am sozialen Leben teilnehmen und ihre sozialen Fähigkeiten entfalten können.

Jede Störung und Beeinträchtigung bei der Eroberung der Umwelt kann insofern ein Ausgangspunkt dafür sein, daß ein Kind sich nicht seinen Fähigkeiten gemäß entwickeln kann. Wir können verschiedene Auffälligkeiten im Kindes- und Jugendalter in diesem Zusammenhang betrachten. Wenn wir z.B. überlegen, warum so viele Lehrerinnen und Lehrer über die große Unruhe und Zappeligkeit der Kinder klagen: Kinder die sich nachmittags und in den Lernpausen am Vormittag wirklich austoben können, haben gewöhnlich weniger Schwierigkeiten, während des Unterrichts relativ ruhig zu sitzen. Wenn Kinder in ihren Bewegungsmöglichkeiten eingeschränkt werden, versuchen sie es in anderen Situationen auszugleichen.

Ein anderes Beispiel: Es ist auf den ersten Blick unverständlich, warum so viele Kinder und Jugendliche zerstörerisch mit den Einrichtungen umgehen, die doch eigens für sie geschaffen worden waren: Freizeit- und Jugendzentren, Spielplätze und ähnliches. Vielen Kindern und Jugendlichen begegnet die Welt jedoch entweder in Form von Verboten – in der »Erwachsenen«-Welt – oder aber in speziell für sie geplanten und geregelten, pädagogisch durchdachten Räumen. Im Leben vieler Kinder und Jugendlicher gibt es entweder verbotene oder konstruierte Lebensräume. Daß manche da in ihrem Bedürfnis, das Leben zu erobern und etwas auf die Beine zu stellen, angesichts der vielen Begrenzungen eine ohnmächtige Wut aufstauen, ist auf den zweiten Blick nicht mehr verwunderlich. Wenn sie dann aggressiv und zerstörerisch mit ihrer Umwelt umgehen, ist dies zum einen ein Hinweis auf die Mißstände, zum anderen auch ein Zeichen, daß sie nicht gelernt haben, ihre Wut produktiv umzusetzen.

Umweltschäden – eine seelische und körperliche Belastung

Seit Ende der 80er Jahre besteht eine realistische Hoffnung, daß die Gefahr einer weltweiten Kriegskatastrophe mit atomarer Verseuchung der Erde geringer wird. Zum ersten Mal in der Geschichte werden Waffen tatsächlich vernichtet, nachdem sich die Supermächte vom Kurs der ununterbrochenen todbringenden Aufrüstung abgewandt haben. Eine große existentielle Bedrohung, die Menschen aller Altersgruppen, ganz besonders aber auch Kinder und Jugendliche, seelisch stark belastet hat, könnte damit abgebaut werden.

Das gilt leider nicht für ein zweites weltweites Gefährdungspotential: die existentielle Bedrohung der Umwelt. Die Zerstörung des ökologischen Lebensraumes des Menschen und seiner natürlichen Ressourcen geht vielmehr unvermindert weiter. Spektakuläre Katastrophen in Atomkraftwerken, Havarien von Ölsupertankern und Unfälle in Chemiefabriken machen uns schlaglichtartig auf die gefährliche Situation aufmerksam. Die Vernichtung der natürlichen Lebensgrundlagen dokumentiert sich in zunehmender Verschmutzung von Wasser, Luft und Boden, im Anschwellen der Abfallberge, dem Waldsterben, der Veränderung der globalen Ozonschicht, der weltweiten Klimaveränderung und der Abholzung der tropischen Regenwälder.

> Kinder und Jugendliche sind von Umweltschäden mittelbar und unmittelbar besonders stark betroffen. Sie nehmen nicht nur physiologisch Schaden, sondern sie leiden auch psychisch, seelisch und sozial stärker als andere Altersgruppen der Bevölkerung unter der ökologischen Krise.

Bewußt und unbewußt spüren sie, daß die Grundlagen für ihre Existenz und ihre Zukunft in Gefahr sind. Untersuchungen zeigen, daß vor allem die 9- bis 14jährigen sehr verunsichert und alarmiert sind.

Die seelische Belastung von Kindern und Jugendlichen

Bei allen Jugendlichen stehen Ängste vor Krieg, Umweltschäden, Sorgen um die persönliche Gesundheit sowie berufliche und zwischenmenschliche Schwierigkeiten (in dieser Reihenfolge) an der Spitze der Nennungen. Unter den Einzeläußerungen standen die folgenden furchterregenden Ereignisse an erster Stelle: daß 1. die Umweltzerstörung noch stärker wird, 2. ein Atomkraftwerk explodiert, 3. ein Atomkrieg ausbricht, 4. immer mehr Menschen in der Welt verhungern. Während in den letzten Jahren die Furcht vor einem Weltkrieg abgenommen hat, ist die Furcht vor der Umweltzerstörung bei Jugendlichen in allen Altersgruppen weiter angewachsen. Mädchen erweisen sich insgesamt als sensibler gegenüber diesen Bedrohungen und drücken mehr Angst und Furcht als Jungen aus.

Antonia ist beim Abendessen auffallend still und stochert lustlos und mit zweifelndem Gesicht im Essen herum. Auf die Fragen ihres Vaters, was denn los sei, ob es ihr denn nicht schmecke, erzählt sie, sie habe in der Fernsehzeitung so schreckliche Sachen gelesen: Daß man gar nichts mehr essen dürfe, und alles vergiftet sei – aber der Papa würde sie doch nicht vergiften, oder?

Verwirrt nimmt der Vater seine Tochter auf den Schoß, versucht sie zu trösten und zu beruhigen. Anschließend sehen sie sich gemeinsam den Zeitschriftenartikel durch und sprechen darüber: über den Inhalt und auch über die Ängste und Sorgen von beiden. Auch der Vater sagt, daß er sich Sorgen mache darüber, daß die Umwelt so verschmutzt werde. Deswegen würde er auch schon lange versuchen, Antonia und sich so gut wie möglich zu ernähren, und z.B. viel frisches Obst und Gemüse kaufen. Sie sprechen dann ausführlich über die Ernährung, und was gesund und was schädlich ist. Das ganze Thema setzt sich noch über einige Wochen fort, weil beide gemeinsam in einer Bibliothek Kinderfachbücher über Umwelt und Ernährung gefunden haben. So wurde Antonia langsam eine kleine Fachfrau, lernte auch, was sie im eigenen Bereich

159

*tun konnte, um die Umwelt etwas zu schonen und verlor ein wenig
das Gefühl der Ohnmacht und Hilflosigkeit.*

Auch bei den meisten Erwachsenen ist das Thema Umweltverschmutzung häufig verbunden mit den Gefühlen der Ohnmacht,
Hilflosigkeit und Wut. So unangenehm diese Emotionen auch sein
können, ist es doch wichtig, sie wahrzunehmen und auszudrücken.
Andernfalls kann es leicht passieren, daß man »dicht macht« gegenüber diesen für uns lebensnotwendigen Bereichen, die Gefahren bagatellisiert und verdrängt. Um langfristig etwas verändern
und um mit den bereits bestehenden Belastungen umgehen zu können, müssen wir jedoch sensibel dafür werden und bleiben.

Deswegen ist es auch wichtig, daß die Kinder und Jugendlichen
bereits über die Gefahren im Umweltbereich und über die Möglichkeiten des Umweltschutzes aufgeklärt werden.

160

Es ist auch ein gutes Zeichen, daß sie auf die Bedrohung und Gefährdung unserer Welt und ihrer Zukunft sensibel reagieren und ihre Besorgnis zeigen. Es sieht so aus, als ob eine Generation heranwüchse, die sich aktiv und verantwortungsbewußt für die Wiederherstellung des ökologischen Gleichgewichts einsetzt.

> Aber die Kinder und Jugendlichen dürfen damit nicht alleine bleiben. Wenn die Besorgnis der jüngeren Generation verwandelt werden soll in kritisches Engagement, brauchen sie solidarische Gesprächspartner und sowohl gefühlsmäßige wie auch praktische Unterstützung.

Wie können Sie Ihr Kind dabei unterstützen?

– Gehen Sie darauf ein, wenn Ihr Kind mit Ihnen über Umweltthemen sprechen will. Kinder brauchen dafür Gesprächspartner, die sie ernst nehmen.
– Unterstützen Sie Ihr Kind dabei, Informationen zu sammeln und zu verarbeiten. Themen, über die man Bescheid weiß, machen nicht mehr so große Angst und ermöglichen auch, Ideen zum Handeln zu entwickeln.
– Unterstützen Sie Ihr Kind, wenn es kleinere oder größere Aktionen plant. Es gibt inzwischen auch Kinder- und Jugendgruppen von einigen Naturschutzverbänden, in denen sie sich gemeinsam mit anderen ein Thema erarbeiten und Aktionen und Projekte durchführen.
– Und nutzen Sie auch das kritische Auge von Kindern und Jugendlichen bezüglich des umweltgerechten Handelns im Alltag. Kinder sind da oft erstaunlich konsequent und ihrem strengen Blick entgeht wenig. Es ist aber wichtig, daß die Kritik von Kindern und Jugendlichen ernst genommen wird, damit sie die Sicherheit entwickeln können, aktiv handeln und etwas verändern zu können.

Die körperliche Belastung durch Umweltschäden

Vielleicht fragen Sie sich, warum wir überhaupt auf das Thema Umweltschäden eingehen: Was hat das mit Streß zu tun? Gesundheitliche Belastungen oder auch andere Auffälligkeiten sind meist die Folge einer zu starken, vielfältigen und zu lange andauernden Belastung – darauf sind wir bereits zu Beginn dieses Buches eingegangen. Kinder und Jugendliche sind heute oft Belastungen aus mehreren Lebens-bereichen ausgesetzt – und dazu gehören auch die fast unbemerkten, schleichenden, leisen Beeinträchtigungen.

Die Umweltverschmutzung ist ein Streßfaktor, denn der Organismus muß mit den Schadstoffen in der Luft, im Wasser und im Boden leben. Wir müssen davon ausgehen, daß dies eine Dauerbelastung für den menschlichen Körper darstellt, der dafür einiges an Kraft und Energie braucht, was vielleicht an anderer Stelle nicht mehr zur Verfügung steht.

Wasserverschmutzung:
Sauberes Trinkwasser kann nicht mehr überall an den Flüssen entnommen werden, sondern muß durch tiefe Grundwasserleitungen herangeführt werden. Damit werden jahrtausendalte Wasservorräte verbraucht. Wasser ist ein lebenswichtiges Nahrungsmittel: Von einem erwachsenen Menschen werden 2 Liter Wasser pro Tag verbraucht und Wasser macht den größten Anteil bei den Körperzellen aus. Giftige Stoffe im Wasser haben deshalb sehr schnell die Gelegenheit, bis in die letzte Zelle vorzudringen und biologische Vorgänge empfindlich zu stören. Menschen mit hohem Flüssigkeitsbedarf sind hiervon besonders betroffen. Zu ihnen gehören Säuglinge und Kleinstkinder.

Die einmal ins Wasser gelangten Fremdstoffe lassen sich – soweit wir heute wissen – nie wieder spurenlos entfernen. Es sind vor allem Industriechemikalien und Pflanzenschutzmittel, die die Vergiftung des Trinkwassers verursachen. Schon geringe Dosen im

Trinkwasser haben bei Kindern und Erwachsenen große Auswirkungen auf das Immunsystem. Die schädigenden Effekte belasten das Immunsystem, lösen Allergien aus, fördern Krebs oder verändern Körperzellen anderweitig. Ungeklärt ist bisher, wie die Schädigungen aussehen, die durch die Kombination und/oder Anhäufung mehrerer Schadstoffe ausgelöst werden. Nach allen bisherigen Erkenntnissen sind kleine Kinder – schon während der Schwangerschaft und in den ersten Lebensmonaten – besonders stark von den schädigenden Wirkungen verschmutzten Trinkwassers betroffen.

Luftverschmutzung:
Auch in der Luft können schon geringe giftige Dosierungen bei Kindern und Jugendlichen zu deutlichen Beeinträchtigungen der Gesundheit führen. Schädigungen der Atemwege, Reizungen der

Augen und der Haut, Hals- und Brustbeschwerden, Hustenreiz und allgemeine Beeinträchtigungen der Leistungsfähigkeit werden festgestellt. Neuere Studien zeigen, daß Kinder aus belasteten Regionen wie z.B. Köln oder dem Ruhrgebiet deutlich allergischer auf Stoffe reagieren, die über die Atemwege in ihren Körper gelangen. So wurden in Gebieten mit viel Verkehr und entsprechend mehr Schadstoffen in der Luft besonders viele Kinder gefunden, die unter Pollen-Allergien litten und erheblich höhere Schadstoffwerte im Blut hatten. Die wissenschaftlichen Methoden, mit denen die Risiken der Schadstoffe eingeschätzt werden sollen, sind noch zu unzuverlässig. Mit ihrer Hilfe läßt sich zwar prüfen, wie schädlich und gesundheitsgefährdend einzelne Stoffe sind, und wieviel ein Mensch davon »vertragen« kann (Höchstwerte, Maximalkonzentrationen) Aber sie orientieren sich an reinen Durchschnittswerten und berücksichtigen nicht, daß die Belastbarkeit der Menschen schwankt und insgesamt unterschiedlich ist. Ein besonderes Problem ist auch, daß die meisten Untersuchungen bei einzelnen Schadstoffen ansetzen, nie aber die gesamte Schadstoffkonzentration bei einem einzelnen Menschen ermitteln. Das ist irreführend, denn verschiedene Schadstoffe, die als unbedenklich eingestuft werden, können sich in der Kombination mit anderen Giften sehr bedenklich aufschaukeln.

Ernährung:

Die Verschmutzung von Wasser, Boden und Luft führt auch zwangsläufig zu einer Belastung der Ernährung und somit auch zu einer Fehlernährung. Immer mehr gefährliche Stoffe gelangen in die Nahrungsmittelkette des Menschen. Das menschliche Immunsystem, das gefährliche Fremdstoffe und Infektionen abwehren soll, ist zunehmend überfordert und bricht unter bestimmten Bedingungen ganz zusammen. Es ist eine lange Kette, über die Chemikalien in die Nahrung gelangen: Luft-, Boden- und Wasserverschmutzung, chemische Saatbehandlung, Düngung, Tierfutter, Tierhormone und -medikamente, chemische Hilfsmittel bei der Verarbeitung und Konservierung. Die ganze Tragik der Nahrungsmittelverschmutzung zeigt sich darin, daß die Muttermilch von schwangeren und stillenden Müttern schon so stark belastet ist, daß manche Ärzte dazu raten, die Stillzeit zu begrenzen. Bei Kindern zeigen sich die Folgen der schadstoffreichen Ernährung vor allem in Form von Allergien und Krebserkrankungen, da beide Erkrankungen besonders stark vom Immunsystem abhängig sind.

Was können Sie als Eltern tun?

Vielleicht geht es Ihnen auch so, daß Sie solche Passagen, in denen Umweltschäden aufgezählt und dargestellt werden, am liebsten nur überfliegen. Denn leicht stellt sich das Gefühl ein, doch nichts machen zu können und dann lieber auch nichts darüber wissen zu wollen. Nur – wenn wir unsere Kinder schützen wollen, müssen wir auch informiert sein. Wir können jedoch nicht alle zu Umweltexperten werden, die genau Bescheid wissen, wo wieviele Schadstoffe warum zu finden sind und was dagegen zu tun ist.

Zu diesen Themen konkrete Ratschläge zu erarbeiten, ist ausgesprochen schwer. Dazu ist der ganze Problembereich zu komplex und zugleich zu wenig faßbar und kaum sinnlich erfahrbar. Wir müssen davon ausgehen, daß die Anhäufung von Schadstoffen sehr belastend ist. Im konkreten Alltag können wir viele Schadstoffe nicht von unseren Kindern fernhalten, jedoch können wir versuchen, ihnen nicht noch mehr zuzumuten. Eine Möglichkeit ist, darauf zu achten, Nahrungsmittel möglichst naturbelassen zu kaufen; ein Großteil der Konservierungsstoffe ist bei normaler Vorratshaltung nicht nötig. Im Wohnbereich kann man darauf achten, daß schädliche Stoffe und Chemikalien gar nicht oder nur wenig verwandt werden, z.B. Lösungsmittel in Farben oder Formaldehyd in Möbeln. Das sind zwar jeweils nur »Kleinigkeiten«, aber so können wir insgesamt dafür sorgen, daß die Umgebung des Kindes nicht noch weiter unnötig belastet wird. Ein weiterer Schwerpunkt sollte darin liegen, der Schadstoffbelastung gezielt gesundheitsfördernde Maßnahmen entgegenzusetzen, z.B. eine ausgewogene, nährstoffreiche Ernährung oder viel Bewegung in möglichst frischer Luft.

Wichtig ist es, langfristig die Fähigkeiten der Kinder zu stärken, gesunde und schädliche Umwelteinflüsse wahrzunehmen. Nur so können sie lernen, Gefährdungen zu vermeiden und sich stattdessen bzw. ergänzend bewußt gesunden und nährenden Einflüssen auszusetzen.

Es gibt im Alltag und in der Freizeit verschiedene Möglichkeiten, das natürliche Empfinden der Kinder für die Natur zu fördern. Wenn Sie z.B. mit Ihrem Kind einkaufen gehen, machen Sie es auf Unterschiede in der Luft aufmerksam: »Hier stinkt es aber nach

Autos« und »Hier kann man viel besser durchatmen«. Auch beim Spazierengehen können Sie die Kinder darauf aufmerksam machen, wie die unterschiedlichen Bodenbeläge den Gang und die Ausdauer beeinflussen, also daß das Gehen auf der Straße anstrengender ist als auf Waldboden.

Es gibt auch einige Spielideen, mit denen Sie die Wahrnehmung der Natur fördern können:

● Ein Spielpartner führt den anderen, der die Augen geschlossen hat, vorsichtig und behutsam durch eine natürliche Umgebung. Schön sind dafür unterschiedliche Bodenbeschaffenheiten und wechselnder Lichteinfall. Lassen Sie auch bestimmte Gegenstände befühlen und betasten, z.B. einen Baum. Am Ausgangspunkt wieder angelangt muß der Partner, der die Augen geschlossen hatte, den Weg wiederfinden – jetzt jedoch mit offenen Augen. Und dann wechseln.

● Lassen Sie sich in einem Malergeschäft eine Farbpalette geben, oder machen Sie mit Ihrem Kind eine solche selbst. Suchen Sie beim nächsten Spaziergang diese Farben in der Natur – Sie werden überrascht sein, wieviele auch grelle Farben dort zu finden sind.

Tips zum Weiterlesen

- Andreas Böhm, Angelika Faas, Heiner Legewie: Angst allein genügt nicht. Thema: Umwelt-Krise (Beltz, 1989).
- Claudia Fischer, Reinhold Fischer: Umwelt-Aktionsbuch. Ihr persönlicher Ratgeber für praktischen Umweltschutz (Hahn, 1989).
- Nikolaus Eckardt: Die Regenbogenkämpfer. Aktion Greenpeace (Signal, 1983) ab 14 Jahre.
- Nina Rauprich: Laßt den Uhu leben! (Erika Klopp-Verlag, 1985) ab 8 Jahre.
- Richard Podloucky: Wir tun was für Frösche und Kröten (Schneider, 1986) ab 8 Jahre.
- Joachim Kahlert: Was uns den Atem verschlägt (Beltz, 1986) ab 13 Jahre.

ELTERN-RATGEBER

Valentine Dmitriev
**Frühförderung für ›mongoloide‹
Kinder**
Das Down-Syndrom.
255 S. Br. DM 48,–
ISBN 3-407-83072-6
Dieses Buch ist sowohl Nachschlage-
werk als auch Ratgeber für Eltern von
Kindern mit Down-Syndrom sowie für
Lehrer und andere Betreuungsperso-
nen. Es enthält ein langjährig erprob-
tes Programm zur Frühförderung der
geistigen, körperlichen, sozialen und
sprachlichen Entwicklung.

Wolfgang Endres
**Geschwister ... sie haben sich
zum Streiten gern**
Ein Ratgeber für geplagte Eltern.
114 S. Br. DM 19,80
ISBN 3-407-83079-3
Dieser Ratgeber bietet praxiserprobte
Ratschläge für Eltern an, die in vernünf-
tiger Weise mögliche Spannungen zwischen ihren Kindern ausgleichen wollen.

Wolfgang Endres u.a.
Die beste Schule für mein Kind
Was kommt nach der Grundschule?
198 S. Br. DM 22,–
ISBN 3-407-83082-3
Ein verständlicher Ratgeber für alle El-
tern, die auf sicherer Grundlage eine
Entscheidung über die Schullaufbahn
ihres Kindes nach der Grundschule tref-
fen wollen.

Britta Kohler
Hausaufgaben
»Helfen – aber wie?«
239 S. Br. DM 19,80
ISBN 3-407-83106-4
Wann, wo und wie Kinder am besten
ihre Hausaufgaben machen, wie ihre
Eltern sie sinnvoll dabei unterstützen
können und was vielleicht dahintersteckt, wenn Hausaufgaben zum Problem werden – das sind Fragen, um
die es in diesem Buch für Eltern etwa
6- bis 12jähriger Kinder geht. Dabei
sind die Tips so formuliert, daß sie
auch für andere Betreuer, z.B. für Mitarbeiter bei Hausaufgabengruppen, eine
wirksame Hilfe bedeuten können.

Ingrid M. Naegele
**Schulversagen in Lesen und
Rechtschreiben (LRS I)**
Ursachen, Auswirkungen, Abhilfen
144 S. Pappband. DM 24,80
ISBN 3-407-83118-8
Kompetente, verständliche Ratschläge
für den Dialog zwischen Eltern und
Schule, die bei Lese-Rechtschreib-
Schwäche wirksam helfen können,

J.K. Wing (Hrsg.)
Frühkindlicher Autismus
Klinische, pädagogische und soziale
Aspekte.
391 S. Br. DM 42,–
ISBN 3-407-83090-4
Dieser Band informiert Eltern und Fachleute umfassend über den Autismus,
seine Symptome, seinen Verlauf, die
möglichen Ursachen und die notwendi-
gen pädagogischen Maßnahmen.

Preisänderungen vorbehalten

Beltz Verlag · Postfach 10 01 54 · 6940 Weinheim   B_33